MANFRED MOHR
Bestellung nicht angekommen

Manfred Mohr

Bestellung nicht angekommen

*Die größten Irrtümer
beim Wünschen*

GOLDMANN

Der Abdruck des Zitats von Bärbel Mohr
erfolgt mit freundlicher Genehmigung des Omega Verlags, Aachen

Verlagsgruppe Random House FSC® N001967
Das für dieses Buch verwendete FSC®-zertifizierte Papier
Pamo House liefert Arctic Paper Mochenwangen GmbH.

3. Auflage
Originalausgabe Dezember 2014
© 2014 Wilhelm Goldmann Verlag, München,
in der Verlagsgruppe Random House GmbH
Umschlaggestaltung: UNO Werbeagentur, München
Umschlagmotiv: FinePic®, München
Lektorat: Judith Mark, Freiburg
SSt · Herstellung: cb
Gestaltung und Satz: FELSBERG Satz & Layout, Göttingen
Druck: GGP Media GmbH, Pößneck
Printed in Germany
ISBN 978-3-442-22087-8

www.goldmann-verlag.de

Sie müssen diese Wünsche aufgeben können oder sie ganz und richtig wünschen. Wenn Sie einmal so zu bitten vermögen, dass Sie der Erfüllung in sich ganz gewiss sind, dann ist auch die Erfüllung da.

Hermann Hesse

Inhalt

Einleitung 9

1 Für Universumsbesteller
 (und solche, die es werden wollen) 15

2 Innere Ablehnung I oder:
 Wie ich erst einmal nicht
 Vater wurde 21

3 Innere Ablehnung II oder:
 Wie unsere Kinder dann doch
 auf die Welt kamen 33

4 Meine Bärbel-Bestellung 46

5 Spieglein, Spieglein an der Wand … 57

6 Wer genau ist es, der bestellt? 68

7 Mehr als nur eine Floskel – Danke! 77

8 Das Universum hört mir immer zu 84

9 Annahme ist die große Kunst 94

10 Die Kraft der Liebe 104

Inhalt

11 Liebevolle Annahme: Magst du das, was du geliefert bekommst?   114

12 Das eigene Potential entdecken   127

13 Lernen, die Fülle anzunehmen   138

14 Bestellungen sind Gebete   148

15 Meine Schöpfung und ich   157

16 Warum bist du gegangen?   168

Schlussgedanken   177

Anhang   182

Einleitung

*Und das sind die Wünsche:
Leise Dialoge täglicher Stunden mit der Ewigkeit.*

Rainer Maria Rilke

Viele Menschen bestellen mittlerweile beim Universum. Das Wünschen ist gesellschaftsfähig geworden und mitten in unserer Gesellschaft angekommen. Wer einen Parkplatz in der Innenstadt zur Hauptgeschäftszeit benötigt, na, der bestellt ihn sich doch einfach. Selbst Hape Kerkeling berichtet in *Ich bin dann mal weg* davon, auf seinem Jakobsweg mehrmals erfolgreich bestellt zu haben, sei es nun ein gutes Nachtquartier oder ein heißhungrig ersehntes Frühstückslokal. Andere Wanderer aus Deutschland hatten ihn dazu animiert, diese Dinge doch einfach beim Universum zu bestellen.

Wohl jeder von uns hat sich schon einmal erfolgreich etwas gewünscht. Bestellungen können geliefert werden, da sind sich sicher die meisten Menschen aus eigener Erfahrung heraus einig. Deutlich weniger klar ist hingegen, warum bestimmte Bestellungen umgehend geliefert werden, andere wiederum nicht. Warum klappt es bei der besten Freundin prächtig, aber nicht bei einem selbst? Warum findet man zwar den erwünschten Schlüssel wieder, sucht aber schon seit Jahren nach der bestellten Traumwohnung … vom Traumpartner ganz zu schweigen?

Einleitung

Selbst bei geübten Universums-Bestellern bleiben also noch Fragen offen. So war es auch bei mir selbst. Manche Wünsche wurden auch bei mir schnellstens Wirklichkeit. Andere dagegen blieben unerfüllt. Woran liegt das? Offenbar bestehen in punkto Bestellen noch einige Irrtümer und Unklarheiten, die dazu führen, dass Bestellungen nicht ankommen. Sie sollen das Thema dieses Buches sein, und ich freue mich, wenn die eigenen Erfahrungen, die ich in den einzelnen Kapiteln schildern werde, Anregungen und Antworten geben können.

Vorausschicken möchte ich, dass das, was meine verstorbene Frau Bärbel zum Thema Bestellungen beim Universum geschrieben hat, seine Gültigkeit behält. Mir geht es im Folgenden darum, das Thema zu ergänzen und weiterzuführen. Das erste und bekannteste von Bärbels Büchern, *Bestellungen beim Universum*, erschien erstmals 1998 und hat den Grundstein gelegt für eine Reihe weiterer Bücher über das Wünschen, von denen *The Secret* das bekannteste sein dürfte. Wie weit das Bestellen beim Universum sich inzwischen verbreitet hat, wird deutlich aus dem, was mir eine Seminarteilnehmerin kürzlich erzählte: Sie hatte sich ihren Traumjob bestellt, der alsbald in Gestalt einer Stellenanzeige geliefert wurde, die ihren Wünschen genau entsprach. Also bewarb sie sich ... und bekam den Job. Alles lief noch viel besser, als sie es sich zu erträumen gewagt hatte. Beim Vorstellungsgespräch mit ihrem zukünftigen Chef sagte dieser plötzlich: »Wissen Sie, ich freue mich so sehr, Sie als neue Mitarbeiterin gewonnen

Einleitung

zu haben, dass ich Ihnen ein Geheimnis verraten möchte: Ich habe Sie bestellt! Schon lange suche ich jemanden, mit dem ich mich von Anfang an so gut verstehe. Danke für die Lieferung!«

Selbstverständlich hat das Bestellen beim Universum in den Jahren seit dem Erscheinen des ersten Bestellbuches eine Entwicklung durchlaufen. Nachdem schon so viel Gutes und Richtiges über die Technik und das genaue »Wie« des Bestellens geschrieben wurde, möchte ich hier nun eine neue Tür öffnen und genauer danach fragen: »Wer« bestellt? Wer eigentlich ist es genau, der die Bestellung in den Kosmos sendet? Und da ich als Schreiber dieser Zeilen mich besonders intensiv mit dieser Fragestellung auseinandergesetzt habe, werde ich mich auf den folgenden Seiten gerne als Protagonist zur Verfügung stellen und häufiger aus dem persönlichen Nähkästchen plaudern.

Dabei will ich ein besonderes Augenmerk auf diejenigen Bestellungen legen, die bei mir selbst nicht geliefert wurden. An ihnen lässt sich erkennen, was man tun kann, damit die eigenen Wünsche noch besser Wirklichkeit werden können. Häufig sind die Auslöser für misslungene Bestellungen innere Ablehnungen, die kaum bewusst sind. Ihnen auf die Spur zu kommen heißt, immer wirksamer wünschen zu können. Denn wenn wir ablehnen, sind wir nicht in Kontakt zum Universum.

Bei mir selbst zeigte sich das, als ich Bärbel geliefert bekam, die ich doch eigentlich so gar nicht bestellt hatte …

Einleitung

Ablehnungen können so stark sein, dass sie eine Bestellung torpedieren. Und das gilt in jedem Lebensbereich, wie die folgenden Kapitel zeigen sollen.

Nach Bärbels Tod haben viele ihrer Leser sich die Frage gestellt: Warum hat sie sich nicht gesund gewünscht? Ich habe dieser Frage ein eigenes Kapitel gewidmet, »Warum bist du gegangen?«. Es steht mit Absicht am Ende dieses Buches. Denn ich möchte erst einige Missverständnisse über das Bestellen aufklären, um mich schließlich dieser besonderen Frage zu widmen.

Das größte Missverständnis liegt aber wohl in der Tatsache, dass Bärbel ein Mensch wie du und ich gewesen ist. Die Möglichkeit einer Bestellung beim Universum steht jedem Menschen offen und hat nichts speziell mit Bärbel zu tun. Bärbel hat lediglich das Wissen darum unter die Leute gebracht. Wie jeder von uns war sie mit Licht und Schatten gesegnet, was zutiefst in der Natur des Menschen liegt. Und sie war sich dessen bewusst. Bereits in ihrem ersten Buch schrieb sie so treffend im Vorwort: »Das, was man kann, das lebt man, und was man nicht kann, das lehrt man.« Zeitlebens betrachtete sie sich als eine Lernende, die durch das Lehren auch selbst immer mehr erfährt. Es führt darum vollkommen in die Irre, aus der Fehlbarkeit eines Menschen auf die Fehlbarkeit einer kosmischen Gesetzmäßigkeit rückschließen zu wollen.

Wünsche gab es immer, und es wird sie immer geben. Das hat nichts mit Bärbel zu tun. Das Wünschen ist sogar ein grundlegender Teil unserer Kultur. Ich selbst wurde

Einleitung

als Kind im Religionsunterricht dazu angehalten: »Wende dich mit deinen Wünschen an das Christuskind, und sie werden dir erfüllt.«

Es bleibt eine unveränderliche Tatsache: Bestellen hat bei sehr vielen Menschen bereits funktioniert. Das lässt sich einfach nicht wegdiskutieren. Denn jeder von uns hat sich schon oft erfolgreich etwas gewünscht. Nur neigen wir dazu, dies immer wieder zu vergessen. Die meisten unserer Bestellungen erfolgten einfach nur so, nebenbei, ohne dass wir dies wirklich bemerkten. Ich würde sogar sagen, Bestellungen sind ein ganz wichtiger Bestandteil unseres Seins. Sie geschehen einfach, immer wieder, als unabänderlicher Teil unseres Lebens. Das liegt daran, dass erfolgreiches Wünschen mit einer bestimmten inneren Haltung zu tun hat, mit der ich dich im Verlauf dieses Buches gern näher bekannt machen möchte.

Vielleicht wird mancher Leser jetzt zweifelnd einwenden: Aber ich habe mir noch nie etwas gewünscht. Schauen wir darum einmal etwas näher hin. Als ich ein Kind war, hatte ich ganz bestimmt den Wunsch, krabbeln zu lernen, und das gelang mir auch. Dann sah ich größere Kinder, die bereits laufen konnten, und wollte selbst aufstehen und rennen. Mit Erfolg. Später wollte ich gerne allein meine Schuhe zubinden, Rad fahren, schwimmen, Rollschuh laufen, rechnen, malen oder lesen können. All das wurde mir erfüllt. Sicher, ich gebe gerne zu, es war keine bewusste Bestellung beim Universum, so wie wir sie heute definieren würden. Aber ich denke, es leuchtet jedem ein, wie

Einleitung

oft in unserem Leben wir tief drinnen in uns einen Impuls verspürten, der uns unzweifelhaft sagte: »Das möchte ich können, lernen oder wissen.« Und dieser inneren Triebfeder sind wir dann nur noch gefolgt. Damit waren diese versteckten und zumeist unbewussten Bestellungen sehr wesentlich für unsere Entwicklung.

Heute, als Erwachsene, nennen wir solche Wünsche vielfach eher Ziele. Es ist aber im Grunde einerlei, wie wir unsere Bestellungen bezeichnen. Jeder von uns wollte eine Arbeit finden, eine Wohnung, eine große Liebe, und vielleicht Kinder bekommen. All dies waren Pläne, Absichten oder auch Visionen unserer Zukunft, die dann später auch eingetroffen sind. Ich würde auch das heute gern mit dem Begriff Bestellung umschreiben, selbst wenn wir später einfach wieder vergessen haben, was uns geliefert wurde. Ein Aspekt des Bestellens, der gern vernachlässigt wird, ist genau das: Ich mache mir bewusst, was ich möchte. Ich setze mir ein ganz bestimmtes Ziel. Und dann tue ich das dafür Notwendige und warte auf die Lieferung.

Manfred Mohr

I

Für Universumsbesteller
(und solche, die es werden wollen)

*Wünsche sind nie klug.
Das ist sogar das Beste an ihnen.*

Charles Dickens

Für diejenigen, die noch keine nähere Bekanntschaft mit Bestellungen beim Universum geschlossen haben, möchte ich das Bestellen hier noch einmal kurz vorstellen. Wer schon erfahrener Besteller ist, darf hier gern ein paar Seiten überspringen. Zur Wiederholung und Auffrischung ist es aber sicher hilfreich, dieses Kapitel noch einmal durchzulesen. So wie es unmöglich ist, zweimal in denselben Fluss zu steigen, da du dich verändert hast und sicher auch das Wasser selbst, so lade ich dich ein, hier das bereits Bekannte mit neuen Augen zu lesen. Tauche gern auch als versierter Besteller noch einmal in die folgenden Zeilen ein. Vielleicht wirst du so manches neu und ganz anders verstehen.

Um das Lesen auch für »alte Hasen« in Sachen Bestellen spannender zu machen, habe ich den bereits bekannten Bestellmethoden einen kurzen Ausblick auf die Neuerungen dieses Buches hinzugefügt. Er soll dir einen Überblick

Für Universumsbesteller (und solche, die es werden wollen)

über das geben, was dich in den folgenden Kapiteln erwartet. Legen wir doch gleich mal los.

Die wichtigsten Punkte beim Bestellen sind:

1. Bestellen beim Universum ist ganz ähnlich wie das Bestellen aus einem Versandhaus-Katalog. Ich überlege mir, was ich gern erhalten möchte, sende meine Bestellung ab und warte anschließend auf die Lieferung. Es hat sich sogar bewährt, dem Universum zur Auslieferung eine bestimmte Frist zu setzen. Etwa: »Ich wünsche mir eine neue Arbeitsstelle bis zum 1. Mai dieses Jahres.« Nun hat das Universum ja bekanntlich keine Telefonnummer oder E-Mail-Adresse. Die braucht es aber auch gar nicht. Die richtige Haltung beim Bestellen ist wirksamer und schneller als jedes Glasfaserkabel. Indem ich bewusst und intensiv an meine Bestellung denke, schaffe ich die Voraussetzungen für eine rasche Lieferung. Zur Unterstützung oder damit ich meinen Wunsch nicht vergesse, kann ich ihn auch auf einen Zettel schreiben oder eine ganze Wunschliste anfertigen.

In seiner neuen Form ist nun aber nicht mehr allein die richtige Technik für das erfolgreiche Wünschen entscheidend, sondern vielmehr, wie sehr ich den Kontakt zum Universum verstärken kann. Das hat etwas damit zu tun, wie sehr ich im Einklang mit mir und meiner Welt bin. Dazu später mehr ...

2. Bei der Formulierung einer Bestellung sollte ich sehr genau darauf achten, ohne Verneinungen auszukommen

Für Universumsbesteller (und solche, die es werden wollen)

und das Wort »nicht« wegzulassen. Bestellungen wie etwa »Ich möchte nicht mehr arm sein« werden vom Universum missverstanden, da es die Worte »nicht« oder »kein« überhört. Hängen bleibt folgerichtig nur das Wort »arm«, und so stehen die Chancen gut, genau das geliefert zu bekommen. Welchen Sinn sollte es auch haben, dem Universum ausdrücklich mitzuteilen, was es *nicht* tun soll? Du würdest ja auch keinem Versandhaus schreiben: »Ich will keinen Pullover.« Solch eine Bestellung wäre komplett überflüssig und nicht der Mühe wert. Also: Überlege dir, wie du deine Wünsche positiv definierst.

In diesem Buch möchte ich dich nun einladen, Wünsche mit dem Begriff »nicht« genauer zu hinterfragen. Das Wort »nicht« enthält eine versteckte Ablehnung, die sehr kräftig und wirkungsvoll ist. Ablehnungen blockieren die Wunscherfüllung.

3. Wichtig ist, möglichst genau zu umschreiben, was man will. Bleiben wir beim Beispiel der Pullover-Bestellung: Welche Farbe soll der Pullover haben, welche Größe, und aus welchem Material soll er sein? Mit unbestimmten Angaben ist auch das beste Versandhaus überfordert.

Neben den Details deiner Wünsche kannst du aber auch fragen: »Wer ist es denn eigentlich, der da wünscht?« Wie gut kennst du dich selbst, und wie bewusst sind dir deine Ablehnungen, die unbewussten Einfluss auf deine Bestellungen nehmen? Auch dazu später mehr.

Für Universumsbesteller (und solche, die es werden wollen)

4. Für erfolgreiches Wünschen ist es von zentraler Bedeutung, dass man fest an die Erfüllung seines Wunsches glaubt: Um in eine förderliche Grundhaltung zu kommen, hat es sich bewährt, beim Wünschen ein positives Umfeld zu schaffen. Du kannst beispielsweise auf den Balkon gehen und die frische Luft genießen, eine Kerze anzünden, im Morgenrot oder in der Abenddämmerung bestellen. Fühle dich frei, das zu tun, was dir am meisten zusagt. Der Spaß und die kindliche Freude, die du beim Ritual des Bestellens verströmst, helfen dem Universum, die Lieferung optimal auszuführen.

Hier möchte ich ergänzend erstmals genauer hinschauen, welche Kraft hinter einem positiven Umfeld tatsächlich wirkt. Es geht beim Bestellen vor allem um deinen inneren Zustand, also um die Bewusstseinsebene, in die du dich beim Wünschen einschwingst. Deine Wünsche werden viel häufiger Wirklichkeit werden, wenn du sie in einer Grundstimmung von Demut und Dankbarkeit abschicken kannst.

5. Es reicht völlig aus, einen Wunsch nur einmal abzuschicken. Wenn ich ihn dauernd wiederhole, zeigt dies nur, dass ich meine inneren Zweifel, ob der kosmische Lieferservice meine Bitte wirklich gehört hat, noch nicht ganz ablegen konnte. Bei einem Versandhaus rufe ich ja auch nicht dauernd an, um nachzufragen, ob denn meine Bestellung auch wirklich angekommen ist.

Ergänzend möchte ich der Frage nachgehen, was wir denn eigentlich meinen, wenn wir vom »Universum« spre-

Für Universumsbesteller (und solche, die es werden wollen)

chen. Wir könnten es auch Schöpfung, Einheit oder Gott nennen. Die Verbindung zu diesem Ursprung geschieht in unserem Kulturkreis üblicherweise in Form des Betens.

6. Nach dem Bestellen ist es ratsam, einfach wieder in den ganz normalen Alltag einzusteigen und den Wunsch zu vergessen. Jedes Nachdenken darüber, ob der Wunsch auch wirklich angekommen ist, trägt den Keim des Zweifels in sich und führt bei mehrmaliger Wiederholung nur dazu, dass sich der Zweifel verstärkt. Das Universum versteht jedoch nur klare, eindeutige Botschaften.

Die Art, in der du deine Wünsche formulierst, zeigt dir, wie gut deine Verbindung zum Universum bereits ist. Fühlst du dich in Einklang mit der Schöpfung? Stehst du ihr vertrauensvoll gegenüber? Was ich diesen Regeln des Bestellens hinzuzufügen habe, ist im Laufe der Jahre durch die gemachten Erfahrungen entstanden. Ich sehe es als eine Art »Verfeinerung« des Bestellens an. Bärbel hat den Rohdiamanten gefunden und grob bearbeitet, um ihn der Welt zu zeigen. Hier nun möchte ich diesen Edelstein weiter schleifen und polieren, damit er noch mehr glänzt und so noch mehr Menschen auf ihn aufmerksam werden.

Um es noch einmal kurz und bündig zu sagen: Das Grundprinzip des Bestellens basiert auf der Wechselwirkung, die fortwährend zwischen unseren Gedanken und Gefühlen und der uns umgebenden Realität stattfindet. »Realität« bedeutet dabei mehr als das, was uns sichtbar umgibt. Je besser wir uns und unsere Gedanken

Für Universumsbesteller (und solche, die es werden wollen)

kennen, je mehr wir mit uns selbst im Einklang stehen und uns und unser Leben annehmen, desto geborgener werden wir uns im Universum fühlen. Nachdem wir ohnehin laufend auf die Umstände unseres Lebens einwirken, warum dann nicht gleich in positiver und bewusster Weise? In den folgenden Kapiteln möchte ich zeigen, wie wir in eine Grundhaltung kommen können, die immer wunderbarere Lieferungen des Universums möglich macht.

2

Innere Ablehnung I oder: Wie ich erst einmal nicht Vater wurde

*Wo man am meisten drauf erpicht,
gerade das bekommt man nicht.*

Wilhelm Busch

Meine eigene Geschichte rund um das Bestellen begann 1999. Damals kannte ich Bärbel selbst noch gar nicht. Aber ihr Buch *Bestellungen beim Universum* fand damals bereits zu mir, kurz nachdem sie es geschrieben hatte. Rasch wurde ich von Bärbels grenzenlosem Elan angesteckt. Na, das wollte ich doch auch ausprobieren! Es dauerte nicht lange, und ich war ein begeisterter Besteller.

Damals war ich gerade wieder Single geworden. Ich hatte keine Kinder, war auch noch nie verheiratet gewesen und lebte in einer netten Mietwohnung in der Stadt. Meine Arbeitsstelle lag damals im Bereich Umweltschutz, sie sicherte mich ab, aber erfüllte mich nicht wirklich.

Dem einen oder anderen Leser mögen dieses Szenario oder Teile davon bekannt vorkommen. Was mich betraf, machte ich mir nach der Lektüre von Bärbels erstem Bestellbuch eine lange Liste mit den Dingen, die ich in mei-

Innere Ablehnung I

nem Leben gern anders haben wollte, und bestellte locker drauflos. Ich wünschte mir also:

* eine Partnerin, die mich liebt, die zu mir passt und mit der ich gemeinsam lebe,
* ein Haus auf dem Land in der Nähe eines Sees, mit viel Natur und frischer Luft,
* einen Job, der mich ausfüllt und begeistert,
* ausreichend Freizeit und trotzdem
* genügend Geld und damit Ressourcen für alles, was sonst noch notwendig sein könnte.

Alle diese Wünsche wurden mir mit der Zeit tatsächlich erfüllt. Manchmal dauerte es zugegebenermaßen etwas, bis sich die positive Veränderung einstellte. Das hatte sehr viel mit meiner inneren Einstellung, meinen Ängsten und Ablehnungen zu tun. Oft stellte ich in der Vergangenheit fest, dass mein Bewusstsein zwar das eine wollte, mein Unterbewusstsein mir aber nur zu gern einen Strich durch diese Rechnung machte.

Genau an diesem Punkt würde ich gerne ansetzen. Er lässt sich wunderbar illustrieren anhand meines damaligen Wunsches nach einer festen Partnerin. In einer funktionierenden Beziehung zu leben, war und ist für mich sehr wichtig. Und was ist mit Familie?, wird mancher von euch nun vielleicht fragen. Tatsächlich: Kinder und Familie kamen in meiner damaligen Wunschliste gar nicht vor. Und das hatte einen guten Grund. Meinen Kinderwunsch hatte

Innere Ablehnung I

ich nämlich damals begraben. Immerhin war ich schon Ende 30 und hatte gerade das Ende einer Beziehung erlebt, bei der ich mir Hoffnung auf eine Familie gemacht hatte. Entsprechend frustriert war ich also. Nichtsdestotrotz bin ich heute Vater von Zwillingen, die bereits 13 Jahre alt sind. Wie das kam, wundert mich manchmal selbst immer noch.

Heiraten und Kinder kriegen – das hatte ich mein gesamtes Leben lang gewollt. Mit Mitte 30 war es dann scheinbar so weit: Ich traf meine damalige Traumfrau, die wie gemacht für eine künftige Familie erschien. Doch leider wollte sie nach dem Studium zuerst Karriere machen, zog um in eine andere Stadt, wir sahen uns kaum noch, und irgendwann endete unsere Fernbeziehung.

Für mich brach eine Welt zusammen. Wenn auch diese Frau nicht die Richtige war, dann würde es keine sein. Ich gab meinen Kinderwunsch innerlich auf und besiegelte dies im Äußeren, indem ich eine private Krankenversicherung abschloss. Bis dahin war ich gesetzlich versichert geblieben, obwohl ich schon viele Jahre hätte wechseln können. Die gesetzliche Versicherung kam mich als Single teurer, aber im Falle einer Familiengründung wären meine Frau und meine Kinder mitversichert gewesen. So hatte ich bis zu diesem Zeitpunkt immer gedacht.

Mein Entschluss, die Versicherung zu wechseln, war darum für mich keine Nebensache. In diesem Moment ließ ich meinen Kinderwunsch wirklich los. Und knapp zwei Jahre später war ich dann doch Vater. Heute denke ich, dass es genau deshalb so gekommen ist, weil ich meinen

Innere Ablehnung I

Kinderwunsch wirklich losgelassen hatte. Aus heutiger Sicht weiß ich, dass ich mich zu sehr an diesen Wunsch geklammert habe. Es war lange Zeit schlicht undenkbar für mich, ohne Kinder zu bleiben. Dieser Gedanke war sogar richtiggehend unerträglich. Ich war gar nicht in der Lage, eine andere Sichtweise einzunehmen, etwa in der Art von: »Na gut, Universum, da es nun mal dein Wille zu sein scheint, mich ohne Kinder durchs Leben zu schicken, dann akzeptiere ich auch das.« Erst als ich eine gewisse Demut – und damit auch Entspanntheit – entwickelt hatte, fühlte sich das Universum frei genug, meinen Kinderwunsch zu erfüllen. Mir scheint, das Universum mag einfach keinen Druck. Und ich muss zugeben, mir selbst geht es sehr ähnlich, etwa wenn meine Kinder etwas von mir wollen. Ihnen erfülle ich auch viel lieber Wünsche, die mit einem freundlichen und einladenden »Bitte, könntest du wohl …?« eingeleitet werden statt mit »Ich will aber …!«.

Lass uns noch ein bisschen bei diesem Punkt bleiben: Stell dir vor, du willst etwas ganz besonders stark. Unbedingt, diese Sache soll geschehen. Es darf gar nicht anders kommen. Es muss. Du sendest unentwegt Eilmeldungen ans Universum, bitte, bitte, das genau möchtest du. Für mich ist das so, als würde ich den Weg zum Himmel dabei mit so viel Post zukleistern, dass die Auslieferung gar nicht zu mir zurück durchdringen kann. Der himmlische Briefkasten ist gewissermaßen verstopft. Ich verhindere die Lieferung, weil ich dauernd weiterbestelle, was schon bereit wäre, ganz natürlich und leicht zu mir zu kommen.

Innere Ablehnung I

Noch ein kleines Beispiel: Eine Freundin von mir hatte beschlossen, zu einem Seminar nach Kiel zu fahren. Sie hatte sich angemeldet, stand aber nur auf der Warteliste. Es war also unsicher, ob sie wirklich teilnehmen konnte. Wohl um dem Universum ein wenig auf die Sprünge zu helfen, beschloss sie einfach, trotzdem nach Kiel zu fahren. Sie wollte das Seminar eben unbedingt, buchte ein Hotel und fuhr los, erfüllt von dem dringenden Wunsch, noch dabeisein zu können. Nun, sie konnte es nicht. Offenbar hatte sie es zu sehr gewollt. Das Universum lässt sich nichts aufzwingen. Sie machte sich dann immerhin trotzdem ein schönes Wochenende und lernte dabei die Stadt kennen.

Eine gelassenere Grundeinstellung beim Bestellen könnte darum folgendermaßen aussehen: »Na, Universum, wie wäre es, wenn du diesen Wunsch erfüllst? Daran hätte ich großen Spaß. Wenn es aber gerade nicht in deine Pläne passt, dann ist es auch gut. Ich fahre jetzt einfach mal in diese Stadt, und ich bin dir auch nicht böse, sollte der Wunsch nicht erfüllt werden. Dann vielleicht beim nächsten Mal.«

Das entgegengesetzte Verhalten, ein äußerst energisches, unbedingtes, aber eben auch unentspanntes Wünschen, kenne ich von vielen Menschen, besonders, wenn es um Beruf und Geld geht. Schließlich bekommen wir ja auch in zahlreichen Motivationsbüchern gesagt: Du musst es nur genug wollen, dann gelingt es dir auch. Daran ist ganz sicher ein wahrer Kern. Man sollte durchaus positiv denken, und man muss auch nicht alle seine Wünsche aufgeben.

Innere Ablehnung I

Aber man sollte auch eine innere Haltung kultivieren, die die Möglichkeit zulässt, dass ein Wunsch eben doch nicht Wirklichkeit wird. Das macht es übrigens auch leichter, sich wieder aufzurappeln, wenn im Leben etwas schiefgeht. Viele Menschen sind nur deshalb erfolgreich, weil sie nach einer Niederlage wieder aufgestanden sind, um es erneut zu versuchen. Churchill wird gern mit dem Ausspruch zitiert, Erfolg bedeute, von Niederlage zu Niederlage zu schreiten, ohne dabei seinen Enthusiasmus zu verlieren. Zu einer inneren Haltung des Wünschens, die mehr als eine Möglichkeit zulässt, gehört auch der Mut, Dinge praktisch auszuprobieren. Wenn ich immer nur wünsche, dass alles genau so geschehen soll, wie ich es möchte, dann blockiere ich die Wunscherfüllung offenbar. Ich lasse dem Universum dann nicht mehr die freie Wahl, den Wunsch in genau der Weise zu erfüllen, wie es am besten und richtiger für mich wäre. Mir fehlt beim Wünschen die Demut, oder anders gesagt: Mir fehlt das Vertrauen darauf, dass die Schöpfung oder das Universum wissen, was gut für mich ist.

Bei meinem Kinderwunsch war ich sicher in dieser Weise gehemmt und blockiert. Ich wollte unbedingt eine Familie. Ich ließ keinen anderen Gedanken zu. Bis ich die Versicherung kündigte. Das änderte alles. Denn damit ließ ich die Möglichkeit des Allein-Lebens zu, die es ja faktisch auch gab, denn ich hatte ja bereits viele Jahre als Single gelebt. Das war schmerzhaft. Aber ich hörte auf, ein Leben ohne Kinder abzulehnen.

Auch wenn dieser Satz ganz unscheinbar erscheint: Hier

Innere Ablehnung I

verbirgt sich für mich das Geheimnis, warum ich Vater werden konnte. Meine Ablehnung der Möglichkeit, kinderlos zu bleiben, hatte die Erfüllung meines Kinderwunsches blockiert. Denn Ablehnung ist eine der wirkmächtigsten Kräfte im Universum. Das, was ich ablehne, ziehe ich in mein Leben.

Um das zu verstehen, vergegenwärtige dir, dass alles in der Schöpfung ins Gleichgewicht drängt. Wo etwas zu viel ist, fließt es ganz natürlich dorthin, wo zu wenig davon ist. Dafür gibt es in der Natur zahlreiche Beispiele. Berühren sich etwa zwei verschieden warme Gegenstände, fließt die Wärme zwischen ihnen, bis die Temperatur zwischen beiden ausgeglichen ist. Wasser strömt immer vom höheren Niveau ins tiefere, bis der Pegelstand gleich ist. Eine chemische Reaktion zweier Stoffe beruht auf ihrem Energieunterschied und läuft so lange, bis sich ein mittleres Energieniveau zwischen ihnen eingependelt hat (Entschuldigung, ich bin nun mal Chemiker).

Das Universum strebt nach Ausgleich. Das tut es nun nicht nur im stofflichen, sichtbaren Bereich der Materie, sondern offenbar auch auf unsichtbaren, geistigen Ebenen. Innen und Außen hängen zusammen, wie schon die Mystiker des Mittelalters lehrten. Damit ein Wunsch ins Außen kommt, sich manifestiert und sichtbar wird, muss die Basis dazu in meinem Inneren gelegt sein. Wenn etwas, das wir uns wünschen, im Außen nicht in irgendeiner Form Gestalt annimmt, dann stockt ganz sicher auch etwas in meinem Inneren.

Innere Ablehnung I

Wenn ich in einem Lebensbereich nur eine ganz bestimmte Möglichkeit zulassen will und alles andere ablehne, dann lasse ich nicht zu, dass sich in meinem Inneren etwas ausgleicht. Nur das eine soll passieren, auf keinen Fall etwas anderes. Das natürliche Streben des Universums nach Ausgleich wird gehemmt. Der Wunsch kann nicht in die Wirklichkeit kommen. Bärbel hat den wunderschönen Satz geprägt: »Die größte Fähigkeit zur Veränderung resultiert aus der vollkommenen Akzeptanz des Ist-Zustandes.« Wunscherfüllung geschieht am besten, wenn ich akzeptiere und in Frieden bin mit allem, was in meinem Leben schon da ist. Es ist vor allem meine Einstellung der Welt und dem Universum gegenüber, die beim Wünschen immer mitspielt. Bin ich »dagegen«, dann schließe ich die Türe ab, die mich mit dem Universum verbindet. Es ist dann meine innere Haltung, die meine Verbindung zum Universum unterbricht. Ich bestimme weitgehend selbst darüber, ob ich die Tür zum Universum öffne oder schließe.

Darum kann ein Wunsch umso schwerer Wirklichkeit werden, je mehr ich mit meinem Leben unglücklich bin, hadere und dagegen bin. Formuliert man Bärbels oben zitierten Satz nämlich um, so lautet er: »Kämpfe ich gegen den Ist-Zustand an, dann kann sich gar nichts verändern. Dann bleibt alles, wie es ist.«

Wenn ich gegen etwas ankämpfe, dann bin ich im Grunde der Meinung, selbst besser zu wissen als das Universum, was gut und richtig für mich ist. Um ein Bild zu geben: Wenn ich trotzig wie ein kleines Kind darauf be-

Innere Ablehnung I

harre, etwas genau so und nicht anders haben zu wollen, dann reagiert das Universum offenbar nicht auf mich. Beharren, Fordern und Ertrotzen sind offenbar nicht die inneren Qualitäten, die dazu beitragen können, meinen Kontakt zum Universum zu verstärken. Es ist sicher ganz in Ordnung, etwas zu wollen; daneben braucht es aber auch eine gewisse Grundhaltung von Demut dem Universum gegenüber. Ganz sicher ist es besser, eine Bestellung als Bitte abzuschicken, als sie voller Anspruchsdenken und fixer Erwartung einzureichen.

Stell dir vor, du selbst wärest das Universum. Wem würdest du seine Wünsche lieber erfüllen? Dem gelassen Bittenden oder dem fordernd Einklagenden?

Bezogen auf meinen Kinderwunsch war es so, dass ich zwei Dinge gleichzeitig ausstrahlte. Bewusst gab ich in die Welt hinaus: Ich möchte Kinder, unbedingt. Aber mein Unterbewusstsein sendete dazu außerdem unablässig das Bild von mir als einem Menschen, der allein bleibt, ohne Nachwuchs. Ich hatte Angst, kinderlos zu bleiben, und weil meine Angst davor so ausgeprägt war, gab ich so viel Lebensenergie hinein, dass sie stärker wurde als mein bewusster Wunsch.

Manchmal wird die Wunscherfüllung darum von mir selbst und meinen inneren Ablehnungen bestimmt. Bin ich fixiert darauf, dass etwas Bestimmtes auf keinen Fall geschehen darf, bekommt diese abgelehnte Sache all meine Energie. Dann bekomme ich statt meines bewussten Wunsches genau das Gegenteil. Darum ist es ein Irrtum zu

Innere Ablehnung I

denken, man bekomme immer, was man möchte, und man müsse es nur schlau genug anstellen. Meine Erfahrungen sind da oftmals eher gegenteilig, und ich würde heute stattdessen sagen:

> Manchmal bekomme ich genau das geliefert, was ich gerade nicht will.

Mit dieser Aussage werden wir uns noch eingehender beschäftigen. Zum Abschluss gebe ich hier gern noch eine Erfahrung zum Besten. Einige Jahre, nachdem ich mich wie geschildert privat krankenversichert hatte, erkannte ich mit Schrecken, dass meine Beiträge immer höher wurden. Ich begann mir Sorgen zu machen, wie ich denn später im Alter all das bezahlen sollte. (Und da stehe ich sicher nicht alleine, wie ich aus meinem Freundeskreis weiß.) Also wünschte ich mir, wieder zurück in die gesetzliche Versicherung zu kommen. Natürlich hatte ich keinen Plan, wie das geschehen sollte. Ich verdiente damals als leitender Angestellter einfach zu viel. Man bekommt ja auch immer wieder zu hören, es gebe keinen Weg aus der privaten zurück in die gesetzliche Krankenversicherung.

Es dauerte dann wirklich einige Jahre, bis mein Wunsch in die Wirklichkeit kam. Fast hatte ich ihn schon vergessen. Als ich mich dann aber entschloss, mich als Seminarleiter und Autor selbständig zu machen, wurde der Wunsch ganz nebenbei erfüllt. Autoren sind Angehörige der kreativen Berufe und dürfen darum in der sogenannten Künstler-

Innere Ablehnung I

sozialkasse versichert werden. Sie funktioniert in etwa wie die normale gesetzliche Versicherung, nur eben für Lebenskünstler, wie ich jetzt einer bin.

Auch bei der Erfüllung dieses Wunsches war jedoch wichtig, dass ich die Möglichkeit, aus der privaten Krankenversicherung herauszukommen, ganz losgelassen hatte. Es gab keinen Druck meinerseits, es musste nichts geschehen, und genau darum passierte es eher nebenbei, ganz wie von selbst. Wie wichtig gerade dieses Loslassen beim Bestellen sein kann, haben Bärbel und ich besonders bei der Geburt unserer Kinder erfahren dürfen. Davon mehr im nächsten Kapitel. Hier noch eine der wichtigsten Grundübungen zum Thema Ablehnung für dich:

⌘ *Übung 1: Meine Ablehnungen erkennen* ⌘

Sicher ist dir beim Lesen der letzten Seiten selbst schon die Frage durch den Kopf gegangen: »Wo kämpfe eigentlich ich, in meinem Leben, so stark gegen etwas an, dass mir das, was ich mir wünsche, einfach nicht vom Universum geliefert werden kann? Was bestelle ich mir insgeheim schon lange, aber ohne Erfolg?« Nimm dir für diese Übung einen Zettel oder dein Tagebuch zur Hand. Hilfreich ist auch, dir beim Lesen dieses Buches ein eigenes Heft für Übungen anzulegen, eine Art »Wunschtagebuch«. Schreibe im ersten Schritt einfach mal diejenigen deiner Herzenswünsche auf, die noch immer unerfüllt geblieben sind. Egal, was es ist – Traumjob, Traumpartner, Traumhaus, was auch

Innere Ablehnung I

immer. Im nächsten Schritt kannst du dich selbst – am besten schriftlich – fragen: Welche Ablehnungen in mir selbst könnte es geben, die diesen Wunsch bisher verhindert haben? Wo bist du fixiert, blockiert, unfrei, so wie ich es bei meinem Kinderwunsch war? Mit zunehmender Übung kommst du dir selbst immer besser auf die Schliche – und die Wahrscheinlichkeit, dass das, was du dir wünschst, wirklich werden kann, wird damit größer. Ich wünsche es dir, dann sind wir schon zwei!

Mein liebster erfüllter Wunsch Nr. 1: **Ein herzenslieber Körperbehinderter namens Uli erzählte mir in einem Seminar von einer seiner Bestellungen beim Universum. Seine Geschichte zeigt, wie ungemein lustig und kreativ das Universum sein kann – darum ist sie einer meiner Favoriten, wenn es um Erfahrungen in Sachen Wunscherfüllung geht. Uli also war damals alleinstehend und wünschte sich für den Rückflug aus seinem Urlaub eine hübsche Blondine mit blauen Augen, die neben ihm sitzen würde. Und als Sahnehäubchen bestellte er sich dazu gleich noch, dass sie beide sich sehr gut verstehen und angeregt unterhalten würden. Der Wunsch wurde tatsächlich prompt und vollständig erfüllt. Die junge Dame auf dem Sitz neben ihm war sechs Jahre alt!**

3

Innere Ablehnung II oder: Wie unsere Kinder dann doch auf die Welt kamen

Wenn man das, was man wünscht, unwichtig nimmt, das, was man hasst, wichtig nimmt, woher soll dann das, was man wünscht, kommen?

Lü Bu We

Als ich im Jahr 2000 Bärbel kennenlernte, stand für uns beide rasch fest, dass wir zusammenbleiben und eine Familie gründen wollten. Offensichtlich hatte ich gelernt, mein Singlesein zu akzeptieren und sogar wertzuschätzen, und war auf eigene Kinder nicht mehr so fixiert wie zuvor. Nun beschenkte das Universum mich nicht nur mit einer Partnerin, sondern bald zeigte sich auch noch, dass wir Eltern werden würden. Und zwar gleich von Zwillingen. Wie viele Paare hatten wir uns zwei Kinder gewünscht, ein Mädchen und einen Jungen. An Zwillinge hatten wir dabei allerdings überhaupt nicht gedacht. Wir hatten wohl vergessen, in unsere Bestellung mit aufzunehmen, dass unsere Kinder nacheinander auf die Welt kommen sollten. Also gut, nun würden sie eben gleichzeitig kommen. Doch wie so vieles in meinem Leben erwies sich auch dieser Umstand später als großes Glück. Wie nahezu alle Zwillingsgeschwister haben unsere Kinder einen besonders engen Zusammenhalt. Zwillinge haben im Leben immer einen Menschen, der ihnen ganz besonders nahesteht. Wir als normale »Einlinge« können das oft gar nicht nachvollziehen.

Doch bevor wir unsere Kinder im Arm halten konnten, war natürlich erst einmal die Geburt zu bewältigen. Als Freunde der alternativen Heilweisen wollten Bärbel und ich auf gar keinen Fall einen Kaiserschnitt, der aus Sicherheitsgründen gerade bei Zwillingsgeburten gern empfohlen wird. Um sicherzugehen, dass uns kein Kaiserschnitt aufgedrängt würde, wählten wir statt eines Krankenhauses ein Geburtshaus in unserer Nähe für die Entbindung aus. Wir fanden sogar eines, das sich auf Zwillinge spezialisiert hatte. Na, das war doch offenbar ein gutes Omen. Wir absolvierten also dort die Geburtsvorbereitung und wünschten uns, dass unsere Kinder auf natürliche Weise das Licht der Welt erblicken sollten.

Es kam dann ganz anders. Die Geburt war sehr stressig. Aus irgendeinem Grund wollten die Kinder einfach nicht auf die Welt kommen. Nachdem den ganzen Tag über alle Versuche gescheitert waren, unseren Kindern auf sanfte Weise den entscheidenden Stups zu geben, waren wir heilfroh, doch noch ins Krankenhaus fahren zu dürfen. Bärbel war einfach nur überglücklich, es endlich überstanden

Innere Ablehnung II

zu haben, die Leute in der Geburtsklinik waren supernett, und wir fühlten uns bestens aufgehoben. Voller Freude hielten wir unsere Kinder in den Armen. Sie waren mit Kaiserschnitt geboren worden. Anders wollten sie offenbar nicht das Licht der Welt erblicken.

Später haben Bärbel und ich uns natürlich gefragt, wie es dazu kommen konnte. Wir hatten uns doch so sehr gewünscht, dass die Kinder auf natürlichem Wege im Geburtshaus zur Welt kämen. Was war denn da schiefgelaufen?

Einige Zeit später erst wurde es uns dann klar, und vermutlich dämmert es nach der Lektüre des zweiten Kapitels auch so manchem Leser schon: Wieder einmal war zu viel Druck im Spiel gewesen. Die Möglichkeit einer Kaiserschnittgeburt im Krankenhaus hatten wir vollkommen abgelehnt. Schließlich wollten wir von Anfang an gute Eltern sein und unseren Kindern diese nicht ganz risikofreie Prozedur keineswegs zumuten. Nein, alles sollte ganz natürlich vonstattengehen. Wir kamen gar nicht auf die Idee, die Geburt unserer Kinder in die Hand der Schöpfung zu legen. Wir wollten selbst darüber bestimmen, anstatt dem Universum zu vertrauen. Dass es beim Wünschen hilfreich sein kann, eine gewisse Demut an den Tag zu legen, war uns damals nicht klar.

Mit der Geburt unserer Kinder machten Bärbel und ich erstmals die Erfahrung: »Was wir ablehnen, das machen wir stark.« Solange wir gegen Dinge in unserem Leben ankämpfen, beschäftigen wir uns innerlich so sehr damit,

Innere Ablehnung II

dass unsere tatsächlichen Wünsche gewissermaßen übertönt werden. Wir stehen über unsere Gedanken und Gefühle in Wechselwirkung mit dem Universum. Es hört sehr genau auf das, was wir in unserem Denken und Fühlen aussenden, und liefert uns mehr davon. Es fragt: »Wie ist deine Energie im Moment, Manfred?«, und konstatiert dann: »Aha, du beschäftigst dich andauernd damit, wie schlecht es ist, im Krankenhaus zu entbinden. Das Krankenhaus macht dir richtiggehend Angst. Du denkst an nichts anderes als an Krankenhaus und Kaiserschnitt. Okay, das kannst du haben.«

Genau das ist bei uns damals geschehen. Wir lernten: Wenn man sich etwas intensiv wünscht, sollte man am besten alle potentiellen Möglichkeiten der Wunscherfüllung einschließen, die es gibt. Hätten wir bei der Geburt unserer Kinder auch das Krankenhaus als eine Variante akzeptiert, dann wäre es wahrscheinlicher gewesen, dass eine natürliche Geburt geglückt wäre. Hätten wir nur zehn Prozent unserer Energie der Vorstellung einer Kaiserschnittgeburt im Krankenhaus gegönnt, wäre dies womöglich schon ausreichend gewesen. Denn nichts zieht Dinge so stark in unser Leben wie unsere Ablehnungen. »Kämpfe gegen das, was ist, und du verlierst, jedesmal«, sagt darum auch so treffend Byron Katie in ihrem wunderbaren »The Work«. Jeder, der selbst Kinder hat, kennt die Ängste und Sorgen, die damit einhergehen. Heute weiß ich es besser, nur damals, am Tag der Geburt, war es mir einfach unmöglich, eine vertrauende innere Haltung einzunehmen. Alles in

Innere Ablehnung II

mir war angespannt. In dieser Situation war es mir einfach nicht gegeben, mit offenem Herzen im Vertrauen zur Schöpfung zu sein. Wenn der Alarmknopf durch große Ängste erst einmal gedrückt ist, fällt es schwer, locker und entspannt zu sein.

Im Nachhinein war das Hin und Her um die Geburt unserer Kinder übrigens ein ausgesprochener Glücksfall. Das Krankenhaus war toll, die Menschen in der Notaufnahme hatten trotz der schwierigen Situation unglaublich gute Laune, und unsere Kinder haben jetzt beide astrologisch den Jupiter genau auf dem Aszendenten, was als Glückszeichen gilt. Bei einer normalen Zwillingsgeburt wäre dies unmöglich gewesen, da ja durchaus eine halbe Stunde oder länger vergehen kann, bis auch das zweite Kind das Licht der Welt erblickt. Beim Kaiserschnitt vergingen bei uns aber nur zwei Minuten, und beide Kinder waren da. Ja, so kreativ kann die Schöpfung manchmal sein – sie weiß es eben doch einfach besser als wir kleinen Menschlein mit unseren häufig recht begrenzten Vorstellungen dessen, was »gut« und was »schlecht« zu sein hat. In einem höheren Sinne war es darum sogar irgendwie »richtig«, dass Bärbel und ich uns erst nach der Geburt über die Bedeutungsschwere von Ablehnungen beim Wünschen klar geworden sind. Alles zu seiner Zeit, offenbar. Der Himmel bestellt wohl immer mit, und manchmal hilft er uns dabei sogar ganz schön auf die Sprünge. Wir waren ihm dankbar dafür. Diese Erfahrung hat im Übrigen auch dieses Buch erst ermöglicht.

Innere Ablehnung II

Die nächste Gelegenheit, die Kraft der Ablehnung kennenzulernen, hatten wir bei der Einschulung unserer Kinder. Es gab in diesem ersten Schuljahr damals, vereinfacht gesagt, drei Klassen zur Auswahl: eine gute, eine mittlere und eine schlechtere. Was glaubst du, welche Klasse wollten wir wohl als brave Eltern für unsere Kinder haben? Na klar, die gute! Nach unserer Erfahrung mit dem Geburtshaus sechs Jahre zuvor waren wir aber etwas vorsichtiger beim Bestellen. Selbstverständlich gaben wir der guten Klasse die Priorität, sagten aber gleichzeitig: Na gut, wenn es eine andere Klasse wird, dann nehmen wir auch diese. Vielleicht ist ja auch hier, wie beim Krankenhaus damals, eine gute Fügung verborgen, die wir nicht sehen. Ganz sicher fiel es uns bei dieser Gelegenheit sehr viel leichter, verschiedene Möglichkeiten der Erfüllung unseres Wunsches gedanklich zuzulassen, als bei der Geburt. Die Einschulung hat bei uns nicht solch grundlegende Ängste hervorgerufen. Es gelang uns darum schon deutlich besser, dem Universum die Führung zu überlassen und darauf zu vertrauen, dass es für unsere Kinder die beste Möglichkeit finden würde.

Wir gaben also der guten Klasse 80 Prozent der Energie und Wunschkraft, und den beiden anderen Klassen jeweils 10 Prozent. Keine Klasse wurde von uns gänzlich verdammt und abgelehnt. Und es hat tatsächlich funktioniert! Wir haben die gute Klasse bekommen, und es war ein Segen für uns alle, denn die ersten drei Jahre der Schulzeit waren wunderbar. Ich denke auch heute noch, dass die beiden Lehrerinnen dort ein echtes Geschenk für uns wa-

Innere Ablehnung II

ren. Ich bin den beiden heute noch sehr dankbar, und wir sehen uns auf jedem Schulfest gerne wieder.

Die Geschichte mit der Schule hat aber noch einen weiteren Dreh. Auf unserer Montessori-Schule werden nämlich nach drei Jahren die Karten neu gemischt; es gibt dann wieder einen kompletten Wechsel in den Klassen. Nach der Unterstufe kommt für weitere drei Jahre die Mittelstufe mit wieder drei gänzlich verschiedenen Klassen. Genau, du ahnst es schon: eine gute, eine mittelprächtige und eine schlechte. Als guter Papa baute ich natürlich vor und versuchte sanft, meine Kinder in Gesprächen auf die »beste« Klasse hin zu lenken. Dort würde, was eine Seltenheit an dieser Schule war und ist, ein Mann der Hauptlehrer sein. Er brachte ausgesucht gute Referenzen mit, und ich wünschte mir diese Klasse für die nächsten drei Jahre. Und natürlich akzeptierte ich, wenn auch zähneknirschend, die beiden anderen Klassen, wenn es denn so kommen sollte.

Anscheinend war ich dieses Mal nicht vertrauend genug gewesen: Meine Kinder wurden in die als »schlecht« titulierte Klasse versetzt. Meine Tochter hatte damals zwei gute Freundinnen, die älter und deshalb bereits in der »schlechteren« Klasse waren, und in den Gesprächen mit den Lehrerinnen bat sie deshalb darum, dorthin zu dürfen. Mein treuer Sohn wollte mit dem Schwesterlein zusammenbleiben und ging natürlich mit. Meine Kinder trickten mich dabei gewollt oder ungewollt aus, denn ich selbst hörte erst von der Klassenwahl, als sie bereits beschlossene Sache

Innere Ablehnung II

war. Zunächst wollte ich noch darauf hinwirken, dass die Kinder doch noch in die »gute« Klasse kämen. Aber dann dachte ich wieder an die Geburt der beiden zurück, die mich gelehrt hatte: Es kann auch anders gut werden, und sogar besser. Also ließ ich mich auf die »schlechte« Klasse ein. Ich ließ meinen ursprünglichen Wunsch los.

Was soll ich sagen? Mir stand alsbald der Mund offen vor Überraschung! Der männliche Lehrer hörte im folgenden Schuljahr für alle überraschend auf, und an seiner Stelle kam eine neue und noch unerfahrene Lehrkraft. Die vormals beste Klasse fiel damit auf den letzten Platz zurück. Die scheinbar »schlechtere« Klasse, in der meine Kinder waren, bekam eine sehr gute neue Lehrerin, die ebenso unerwartet früher aus dem Mutterschutz zurückgekehrt war. Diese Klasse rückte vor auf Platz eins. Meine Kinder sind hier seit drei Jahren sehr glücklich, und ich kann nur sagen: Manchmal kommt es eben anders, als man denkt (und bestellt). Das Universum war wieder mal viel kreativer als ich, und ich lerne stetig dazu. Meine Vorstellungskraft hat offenbar ihre Grenzen, und die Schöpfung weiß erkennbar sehr viel besser, was gut und richtig ist, als ich selbst. So muss ich es heute sagen.

Es ist darum ein Irrtum zu denken, beim Wünschen müsse man nur darauf achten, was man durch das Gesetz der Resonanz in sein Leben ziehen möchte. Angesichts der soeben geschilderten Erfahrungen würde ich heute stattdessen sagen: Es ist dabei noch viel wichtiger zu wissen, was man ablehnt. Die innere Haltung, die ich bezüglich

Innere Ablehnung II

meines Wunsches einnehme, ist es, die primär bestimmt, ob mein Wunsch sich erfüllen kann. Innere Ablehnungen sind wie ein Staudamm, der den Fluss der Schöpfung behindert. Wenn ich ablehne, stelle ich mich gegen den Strom, der mich beschenken möchte, und sage immer wieder: »Nein. So möchte ich es nicht!« Und das Universum sagt dann: »Na gut, dann nicht. Wenn du es besser weißt!?«

Ablehnung stellt mich innerlich gegen die Welt, die mich umgibt. Ich leiste dann leider genau dort Widerstand, wo das Universum mich beschenken möchte. Ablehnungen sind gewissermaßen sogar unbewusste Bestellungen, denn sie verfügen über eine große Anziehungskraft. Ich kann einfach etwas nicht »nicht« wollen. Wenn ich aussende: Das will ich »nicht«, versteht das Universum nur Bahnhof und überhört dieses »nicht«: Das willst du? Hier, bitte, mehr davon!

Was ich ablehne, ziehe ich an. Ablehnungen sind damit unbewusste Bestellungen.

Damit wird die Wunscherfüllung sehr stark abhängig davon, wie sehr ich in dem betreffenden Lebensbereich in einer Haltung der Ablehnung bin. Wo bin ich am stärksten dagegen, wo muss etwas unbedingt so sein, wie ich möchte? Meine diesbezüglichen Erfahrungen waren bei meinen Kindern am allertiefsten, weil ich als Vater genau hier besonders involviert bin. Darum habe ich sie hier geschildert. Jeder, der Kinder hat, will selbstverständlich nur

Innere Ablehnung II

das Beste für sie. Meinem Kind will ich meine ganze Liebe schenken, es soll es besser haben als ich. In seiner Entwicklung soll möglichst alles glattlaufen. Kein Wunder, dass wir Eltern hier besonders starke innere Ablehnungen haben ... es kann genau dieser Bereich sein, in dem wir intensiv an uns arbeiten müssen, damit wir aus der inneren Ablehnung herausfinden.

Ganz allgemein habe ich den Eindruck, dass die Erfüllung eines Wunsches umso einfacher ist, je weniger dringend der Wunsch ist. Ist hingegen ein innerer Druck da, der etwas unbedingt erzwingen will, wird die Lieferung immer stärker blockiert. Es ist beispielsweise sehr schwer, beim Universum eine neue Wohnung zu bestellen, wenn ich die alte Wohnung bereits gekündigt und die Aussicht habe, in ein paar Wochen auf der Straße zu stehen. Natürlich ist die Angst dann groß, und damit die innere Ablehnung der möglicherweise eintretenden Situation, nicht rechtzeitig eine neue Wohnung zu finden. Es ist einfach schwer zu bestellen, wenn innerlich ein Damoklesschwert über mir hängt und herabzufallen droht.

Zugegeben: In manchen Situationen ist es extrem schwer, aus der Ablehnung einer bestimmten Lebenslage herauszufinden. Umgekehrt erklärt sich damit auch, warum Parkplätze so oft und so einfach geliefert werden. In diesem Bereich können die meisten von uns ganz locker sein. Wenn wir keinen Parkplatz finden, ist das nicht so schlimm – dann laufen wir eben eine kleine Strecke zu Fuß. Wenn wir so denken, gibt es kaum innere Ablehnung.

Innere Ablehnung II

Dasselbe gilt, wenn wir etwas für andere wünschen. Dabei gibt es normalerweise gar keine Ablehnungen. Da ich selbst nicht der andere bin, habe ich seine spezifischen Ablehnungen bei einem bestimmten Thema natürlich auch nicht, und meine Energie ist frei und ungehemmt. Dasselbe trifft natürlich zu, wenn andere etwas für mich wünschen. Ich kann nur empfehlen, das Wünschen für andere auszuprobieren. In mein Wunsch-Seminar habe ich ein Bestellritual eingebaut, bei dem eine kleine Gruppe von Teilnehmern von allen anderen Energie und Wünsche geschenkt bekommt: »Ich bestelle schnellstmögliche Lieferung für euch!« Das möchte ich hiermit auch dir wünschen!

∞ *Übung 2: Was möchte ich anderen wünschen?* ∞

Nimm noch einmal dein Wunschtagebuch zur Hand und stelle dir diese Frage. Welche Person, der du etwas wünschen möchtest, fällt dir spontan ein? Dein Kind, dein Mann, deine Kollegin … was, denkst du, brauchen sie am meisten? »Ich wünsche meinem Kind viel Spaß in der Schule!« – »Möge mein Mann heute ohne Stau zur Arbeit finden!« – »Hoffentlich gelingt meiner Kollegin ihre Präsentation morgen besonders gut!« Spürst du, welche Freude es dir selbst bringt, anderen Gutes zu wünschen?
Geh noch einen Schritt weiter und wünsche einfach immer wieder, wo du merkst: Hier könnte etwas besser sein. Statt zu nörgeln und zu schimpfen, wenn dich etwas ärgert, geh in die

Innere Ablehnung II

positive Energie: Was wäre wünschenswert? Dein Chef ärgert dich mit seinem dauernden Nachfragen, wann etwas endlich fertig ist? Statt dich gewohnheitsmäßig zu ärgern, sage doch innerlich ab jetzt: »Möge mein ungeduldiger Chef ruhiger und friedlicher werden!« Das Essen in der Betriebskantine schmeckt mal wieder furchtbar? Dann bestelle: »Ich wünsche dem Koch und allen Mitarbeitern der Küche mehr Freude und Spaß bei ihrer Arbeit.« So oder so ähnlich kann man im Alltag für andere wünschen. Oft ist das viel einfacher, als für sich selbst zu wünschen. Probier's aus – der Erfolg wird dich beflügeln, und je geübter du darin wirst, frei von innerer Ablehnung für andere zu wünschen, desto besser werden dir auch deine eigenen Wünsche gelingen.

Ich habe bereits angesprochen, dass das Wünschen als Mutter oder Vater oft mit besonders starker innerer Ablehnung einhergeht. Das gilt auch für Bestellungen, die unsere Partnerschaft betreffen. In den engsten zwischenmenschlichen Beziehungen sind wir nun einmal am stärksten involviert, und folgerichtig wirken hier auch unsere Ablehnungen am stärksten. Bist du bereit, dir diese Ablehnungen genauer anzuschauen? Dann blättere um zum nächsten Kapitel.

Mein liebster erfüllter Wunsch Nr. 2: **Nach ihrer Scheidung und einem lange andauernden Rosenkrieg wünschte sich Beate nur noch eines: Sie wollte von nun an mit einem**

Innere Ablehnung II

Mann zusammenleben, der sie vorbehaltlos liebte, den sie ebenso zurückliebte und der sie so nahm, wie sie war. Ihre Bestellung wurde bald erfüllt: Es ergab sich, dass Beate nach der Scheidung eine Zeitlang im Haus ihres Vater lebte.

Meine Bärbel-Bestellung

Gib Deinem Wunsche Maß und Grenze,
und dir entgegen kommt das Ziel.

Theodor Fontane

Mancher von euch mag sich fragen, wie Bärbel und ich ein Paar wurden. Nun, dieses Rätsel kann ich lösen: Ich habe mir Bärbel tatsächlich bestellt. Mit Wunschliste und allem Drum und Dran. Na ja ... um ehrlich zu sein: Ich habe mir nicht Bärbel gewünscht, sondern ganz einfach die Frau, die am besten zu mir passt.

An dieser Stelle gleich der meiner Meinung nach wichtigste Hinweis für Partnerwünsche: Hör auf zu suchen! Als ich Bärbel kennenlernte, wollte ich vor allem bei einem netten Seminar mitmachen und Freude dabei haben. Der Gedanke an eine neue Partnerschaft war seinerzeit ganz weit weg. Ich bin mir sicher: Wenn ich zu sehr auf der Suche gewesen wäre, wäre mir Bärbel nicht als Frau geliefert worden. Und ich Bärbel nicht als Mann.

Bereits in meiner Jugend hatte ich Bekanntschaft mit einem mir damals völlig unerklärlichen Phänomen gemacht: Wer ganz stark sucht und unbedingt eine Freundin möchte, der findet keine. So ging es einem meiner besten

Meine Bärbel-Bestellung

Freunde. Obwohl er bei unseren Discobesuchen die tollsten Mädchen kennenlernte, kam es nie zu einer festen Beziehung. Nach einem Jahr warf mein Freund die Flinte ins Korn und blieb einfach daheim, nach dem Motto: Ich finde ja doch keine mehr. Und schwupp, schon hatte er eine feste Freundin, die er dann auch bald heiratete. Die beiden leben noch heute zusammen.

Heute kann ich mir das gut erklären. Denn was war es, das mein Freund bei seiner intensiven Suche in den örtlichen Tanzlokalen am stärksten ablehnte? Na klar, das Alleinsein. Er hielt es zu Hause nicht aus, lenkte sich ab und suchte und suchte nach einer neuen Beziehung. Eben weil er so sehr suchte, konnte er nicht finden. Bildlich gesprochen war er ja ständig unterwegs, das Universum konnte ihm seine Lieferung gar nicht zustellen. Er war ja nie »zu Hause«. Erst als er resignierte und schweren Herzens akzeptierte, allein zu sein, konnte die neue Partnerschaft geknüpft werden. Er hatte seine innere Ablehnung losgelassen. Erst dann war er bereit für eine neue Partnerin. Er war gewissermaßen demütig geworden und von seiner Erwartung zurückgetreten.

Als ich Bärbel bestellte, wusste ich zwar noch rein gar nichts über die Kraft der Ablehnung, aber mir war nach den Erfahrungen meines Freundes immerhin schon klar: Wenn ich dauernd nach einer neuen Bindung suche, dann finde ich offenbar keine. Darum war meine innere Haltung zu dieser Zeit: Es ist okay, wenn ich alleine bin. Ich mache das Beste daraus. Neugierig schaute ich in die Welt und

Meine Bärbel-Bestellung

war offen für das, was kommen würde. Auf diese Weise gelangte ich dann auch an das Buch *Bestellungen beim Universum*. Es lag auf dem Büchertisch meiner favorisierten Buchhandlung, und ich musste zweimal hinschauen. Was für ein merkwürdiger Titel. Ich kaufte das Buch gleich und las es in einer Nacht durch.

Bald darauf bestellte ich mir die Frau, die am besten zu mir passt. Meine damalige Wunschliste habe ich aufgehoben. Es ist wohl eher ein Brief ans Universum:

Wunschzettel für »die Frau, die zu mir passt« *(Ich bestelle dies oder noch etwas Besseres):*
»Die Frau, die ich mir wünsche, hat viel Freude und ein ansteckendes Lachen. Sie kann wirklich lieben, und ich lasse ihre Liebe zu. Genauso gebe ich ihr Liebe zurück, die sie annehmen kann. Sie liebt mich sehr und ich sie auch. Sie wandert gern und mag die Natur. Sie ist ehrlich. Immer, wenn ich sie anschaue, weiß ich, dass ich sie liebe. Es ist eine Liebe, die einfach ist, ohne Frage nach dem ›Warum‹. Sie ist einfach da, ganz stark. Ich spüre es immer: Sie ist die Richtige für mich, und ich bin der Richtige für sie.

Sie mag Glocken und Vogelgezwitscher. Sie mag die Sonne und das Blau des Himmels. Sie mag Regen und Wind. Sie mag das Grün der Wiese. Sie mag das Meer und den Geschmack von Salz in der Luft. Sie mag Pferde und Wälder und Seen und Bäume und am meisten die Tiere. Sie kennt das Prinzip von Ursache

Meine Bärbel-Bestellung

und Wirkung. Sie kann verzeihen, wenn ich auch mal einen schlechten Tag habe. Sie glaubt an die Beziehung und möchte an ihr arbeiten. Sie mag Kerzen. Sie mag das Abendrot. Sie mag Spaziergänge. Sie mag reden, und sie mag schweigen. Sie ist herzlich und hat eine angenehme und weiche Stimme. Sie mag Kinder und hätte gern eine Familie. Sie hat sich mit ihren Eltern ausgesöhnt. Sie meditiert und betet. Sie findet zu Hause sein genauso wichtig wie den Beruf. Wir haben eine schöne Wohnung mit guter Energie und Platz für alles. Dort arbeiten und wohnen wir gemeinsam. Sie vertraut ihrer Intuition und hat sehr viel davon. Wir haben viel Spaß miteinander und entdecken uns jeden Tag neu. Wir haben an allem genug: Geld, Gesundheit, Zufriedenheit, Erfolg, und wir freuen uns an uns und unserem Glück.«

Diesen Text schrieb ich im Frühling 1999, und im Juli 2000 lernte ich Bärbel kennen. Offenbar brauchte das Universum noch etwas Zeit. Ich bin mir heute sicher: Es lag vor allem an mir, dass wir erst nach mehr als einem Jahr zueinander fanden. Vorher hatte ich noch so einiges zu lernen. Vor allem habe ich es wohl geschafft, eine positive, vertrauende innere Haltung bezüglich Beziehungen zu entwickeln.

An dieser Stelle ist es Zeit für ein weiteres Geständnis: Ich hatte damals noch sehr genaue Vorstellungen, was meine zukünftige Traumfrau anging. Mein Bild einer

Meine Bärbel-Bestellung

neuen Partnerin war über lange Jahre sehr genau festgelegt und weit weniger offen, als es in meiner Wunschliste den Anschein hat. Ich war geradezu fixiert auf einen bestimmten Typ: Meine Traumfrau sollte lange blonde Haare haben, blaue Augen, anmutig sein und sehr sportlich. Wenn eine Kandidatin auf der Bildfläche erschien, die diesen Anforderungen entsprach, war ich sehr interessiert. Waren meine Kriterien jedoch nicht erfüllt, würdigte ich die Dame kaum eines Blickes.

Wie viele von euch wissen werden, traf mein »Beuteschema« auf Bärbel nicht zu. Sie war brünett, braunäugig, eher resolut und trieb kaum Sport. Wie also kam es dennoch dazu, dass wir heirateten und Kinder bekamen? Ich habe mich damals einfach auf mein Gefühl verlassen. Das war mir weit wichtiger als äußere Kriterien. Und das kam so: Eigentlich hatte ich mir gewünscht, Bärbel einfach nur mal kennenzulernen. Kurz nach der Lektüre ihres ersten Bestellbuches erhielt ich den Hinweis, Bärbel sei als »Gaststar« auf einem Seminar in der Nähe von Köln, wo ich damals lebte. Natürlich ging ich hin und konnte auch ein paar kurze Sätze mit ihr wechseln. Sie hatte dort einen Mann an ihrer Seite, von dem ich annahm, er sei ihr Partner. Es war jedoch »nur« Carsten, ein enger Freund. Natürlich dachte ich nach dem Lesen ihres Buches, sie hätte sich ihren Göttergatten sicher schon lange bestellt. Darum war kein Hauch eines Gedankens in mir, sie könnte mal meine Frau werden. Außerdem gab es ja noch das besagte Beuteschema, dem sie nicht entsprach.

Meine Bärbel-Bestellung

Ein Jahr später sah ich Bärbel wieder. Ich besuchte ein Seminar am Chiemsee, an dem sie auch teilnahm. Wie der Zufall es wollte, war sie gerade sehr frustriert über das Ende ihrer letzten langjährigen Beziehung. Sie war mit einigen Bekannten eher zur Ablenkung am Chiemsee und erzählte allen, in Sachen Partnerschaft erst einmal die Nase gestrichen voll zu haben.

Bei der Anmeldung zum Seminar stand Bärbel in der Schlange direkt vor mir, und da ich sie aus Köln schon kannte, kamen wir ins Gespräch. Anschließend gingen wir gemeinsam in den Seminarraum und setzten uns freundlich plauschend nebeneinander. Die erste Übung, die wir dann gemeinsam machten, war eine »Herzumarmung«, bei der man sich einfach im Arm hält und spürt. Wir beide fühlten dasselbe. Es war, als würden wir uns schon sehr lange kennen. Das Gefühl war so stark, dass wir beide wussten: Wir hatten unseren neuen Partner gefunden. Bald schon überlegten wir, ob sie nach Köln oder ich nach München ziehen würde. (Sie hatte offensichtlich das größere innere Vertrauen, dass es auf die eine oder andere Weise gut werden würde mit uns. Denn ich zog zu ihr nach München.)

Lange nach dieser Zeit redeten Bärbel und ich mal darüber, wie wir uns damals trafen, und ich beichtete ihr grinsend, sie sei meine Bestellung gewesen. Bärbel selbst hatte ja schon in ihrem ersten Buch ausführlich auf die Problematik hingewiesen, die sie in Wunschlisten sah. Zunächst hatte sie ihren »9-Punkte-Traummann« bestellt, dann den »15-Punkte-Mann«, der gleich 15 Kriterien ihrer Liste er-

Meine Bärbel-Bestellung

füllte. Beide konnten ihr nicht das gewünschte Partnerglück schenken. Warum nur hatte dann meine Auflistung funktioniert?

Bärbels Liste hatte sehr genau definierte Punkte, etwa: »Er muss Vegetarier sein« oder »Er soll Tai Chi können«. Diese damaligen Kriterien hätte ich nicht erfüllt. Nur gut, dass Bärbel ihre Erfahrungen bereits gemacht hatte und seither auf Listen verzichtete. Denn was nützt die beste Technik des Wünschens, wenn man innerlich doch nur immer wieder ablehnt und »Igitt« denkt, etwa wenn jemand sich erlaubt, auch manchmal Fleisch zu essen. Viel wichtiger als solche Kriterien ist die Bereitschaft, einen anderen Menschen eben auch in den Bereichen anzunehmen, die man lange Zeit abgelehnt hat. Es ist die Fähigkeit, über die eigene innere Grenze zu gehen, die Bärbel und mir ermöglichte, ein Paar zu werden.

In meiner Wunschliste waren weder Augen- noch Haarfarbe meiner künftigen Partnerin festgelegt; überhaupt enthielt meine Liste keine eng definierten Details. Bei unserem Gespräch wurde uns klar, warum Wunschlisten häufig nicht zum Ziel einer glücklichen Partnerschaft führen. Hätte ich »blond« in meine Wunschliste aufgenommen, hätte Bärbel mit ihren braunen Haaren nicht geliefert werden können. Einfach deshalb, weil ich auf »blond« gewartet hätte und die nette Bärbel es ja dann nun einmal nicht hätte sein können. Und, ganz ehrlich: Was hat denn die Haarfarbe schon mit dem Charakter oder sonstigen inneren Werten des Partners, der Partnerin zu tun? Heute kommt

Meine Bärbel-Bestellung

es mir ein wenig so vor, als hätte mein innerer Radar damals nur nach einer Art Schaufensterpuppe mit blonder Perücke gesucht. Das Beste für mich wäre so jemand sicher nicht gewesen, denke ich heute. Wie gut, dass das Universum seine eigenen Kriterien der Partnerwahl vorsieht.

Kramen wir doch meine alte Traumfrau noch einmal hervor. Was bedeutet es, wenn ich ausschließlich und ganz genau eine Frau möchte, die blonde, lange Haare hat, blaue Augen, die anmutig ist und sportlich? Bei mir war es längere Zeit so; ich war so festgelegt auf diesen Typus, dass ich andere Frauen gar nicht ansah. Um es genauer zu sagen: Ich lehnte also viele andere Arten von Frauen ab: zum Beispiel solche mit braunen Augen, kurzen Haaren, schwarzen Haaren, zu schlanker Figur oder solche, die eher unsportlich sind.

Meine Traumfrau, die am besten zu mir passte, war aber offenbar Bärbel, und die konnte ich erst geliefert bekommen, als ich meine innere Ablehnung von Äußerlichkeiten wie Haarfarbe oder Körperbau überwinden und hinter mir lassen konnte.

Es ist darum ein Irrtum zu glauben, man müsse nur genau genug bestellen, und macht darum die Wunschliste der zukünftigen Partnerin lang und immer länger. Wenn ich etwas so klar möchte, besteht die Gefahr, dass sich hinter meinem detaillierten Wunsch unbewusste Ablehnungen verstecken.

Vielleicht möchtest du dir vor diesem Hintergrund deine eigenen Wunschlisten noch einmal daraufhin ansehen, wo in ihnen eine versteckte Ablehnung schlummern könnte? Erst wo Ablehnungen aufgelöst werden, kann die Schöpfung oder das Universum ihr Bestes für mich tun. Darum steckt viel mehr Wahrheit in der neuen Aussage:

> Je mehr ich lerne, Abgelehntes zu akzeptieren, umso besser gelingt mir auch das Bestellen.

Dem, was ich ablehne, gebe ich ungeheuer viel Kraft und Aufmerksamkeit. Denn mit nichts beschäftige ich mich in meinen Gedanken und Gefühlen so sehr wie mit dem, was ich nicht will, was ich verteufle und verdamme. Erst wenn ich meine Ablehnungen überwinde, liebe ich diesen Schatten an mir selbst, der sich doch nur im anderen Menschen zeigen will. Erst wenn ich diesen Schatten annehme, klebt er nicht mehr an mir – und steht damit dann auch meinen Wünschen nicht mehr im Weg.

Du verstehst noch nicht so ganz, wie das gemeint sein soll? Dann möchte ich dir die nächste Übung ans Herz legen:

⁓ *Übung 3: Den eigenen Schatten überwinden* ⁓

Die folgende Übung widme bitte deinen Mitmenschen. Welche Art von Mensch magst du überhaupt nicht? Schreibe dir die unangenehmsten Kandidaten in deiner Umgebung auf und frage dich, was dir an ihnen so ganz und gar nicht gefällt. Der Kol-

Meine Bärbel-Bestellung

lege ist arrogant, der Chef ungerecht? Deine Kinder hören nicht auf dich, dein Mann kommt immer zu spät von der Arbeit nach Hause? Schreib dir eine lange Liste mit allen Dingen, die dir an anderen Menschen missfallen. Und dann frage dich: Wie würde das Gegenteil aussehen? Dir wäre am liebsten, der Kollege wäre menschenfreundlicher, der Chef gerechter, die Kinder folgsamer und der Mann pünktlicher? Dann bestell dir zum Beispiel: »Möge mein Chef gerechter sein.« Und so weiter. Geh in eine bessere Energie und werde schöpferisch, wo du früher nur geklagt hast.

»Erkenne dich selbst« stand über dem berühmten Orakel von Delphi. Durch die Kraft der Ablehnung zwingt uns der Himmel, einen genauen Blick auf unser Spiegelbild zu werfen. Denn das, was ich selbst nicht leben will und darum ablehne, lebt meine Umwelt für mich. Und genau darum geht es im nächsten Kapitel.

Mein liebster erfüllter Wunsch Nr. 3: **Melanie fuhr mit der Straßenbahn wie jeden Tag von der Arbeit nach Hause. Plötzlich setzte sich ein Mann leicht außer Atem auf den Sitz ihr gegenüber und eröffnete ihr das Folgende: »Guten Tag, Sie haben mich bestellt. Leider muss ich gleich aussteigen, wir haben darum nur vier Stationen Zeit, das Nötigste zu klären.« Melanie schnappte zunächst heftig nach Luft und nahm dann mehr aus Verblüffung doch noch den Zettel mit seiner Telefonnummer entgegen. Zu Hause an-

Meine Bärbel-Bestellung

gekommen, war sie dann empört und hielt den Mann für einen ausgemachten Macho. Darum rief sie zunächst einmal nicht bei ihm an. Dann überlegte sie es sich doch noch anders und verabredete sich ein paar Tage später mit ihm. Heute sind die beiden ein Paar.

Spieglein, Spieglein an der Wand ...

*Wer nicht zufrieden ist mit dem, was er hat,
der wäre auch nicht zufrieden mit dem,
was er haben möchte.*

Berthold Auerbach

Eine alte Freundin von mir hat vor ein paar Jahren messerscharf erkannt, dass sie bis zu diesem Zeitpunkt immer nur »unzulängliche« Partner hatte. Offenbar suchte sie sich immer Männer aus, die einem bestimmten Muster entsprachen. Klug, wie sie nun mal ist, wollte sie diese Falle in Zukunft umgehen und machte sich eine sehr lange Wunschliste ihres Zukünftigen. Vor allem schloss sie, gewarnt durch ihre Erfahrungen, viele störende und schlechte Eigenschaften des neuen Partners kategorisch aus. Anschließend schaltete sie eine Annonce, die das Gewünschte beschrieb, und sortierte dann all die Männer aus, die ihrer Vorstellung nicht entsprachen. Wie Aschenputtel, die guten ins Töpfchen und die schlechten ins Kröpfchen. Sie traf sich auch mit einigen Bewerbern, stellte prüfende Fragen, schaute ihnen tief in die Augen, und bald hatte sie ihren Wunschprinzen herausgesiebt.

Ein paar rosarote Wochen lang war meine Bekannte

Spieglein, Spieglein an der Wand ...

richtig glücklich. Doch dann zerbrach der Traum. Selbst dieser Mann war wie alle anderen vorher, auch er entsprach genau dem Muster, das sie nur zu gut kannte. Er hatte sich nur eine Weile verstellt und verbogen, damit er ihrem Raster entsprach. Meine Bekannte war empört. Solch einen Mann wollte sie doch gerade nicht! Also zerbrach auch diese Beziehung.

Das Dumme an Partnerschaftsbestellungen ist ganz einfach: Ich selbst bin immer mit dabei. Es ist vor allem meine Energie, die beim Bestellen des Wunschpartners eine Rolle spielt. Darum geht es bei einer Partnerschaftsbestellung viel weniger darum, richtig und gut genug zu *wünschen*. Es geht eher darum, selbst richtig und gut genug zu *sein*. Schauen wir uns doch mal genauer an, was das heißen kann.

Zunächst ist wie bei der in Kapitel 3 geschilderten Bestellung des Geburtshauses als Ort der Niederkunft die innere Ablehnung entscheidend. Hier eine Übung dazu:

∾ *Übung 4: Meine unsichtbare Bestellliste* ∾

Nimm also wieder dein Wunschtagebuch zur Hand und schreibe dir eine zunächst einmal möglichst lange Liste deines Traumpartners hinein, so wie meine alte Freundin es damals gemacht hat (keine Sorge, natürlich machen wir es gleich noch ganz anders als sie damals). Wie soll dein Märchenprinz oder deine Wunschprinzessin denn nun ganz genau sein? Groß, sportlich und gutaussehend? Schreib alles auf!

Spieglein, Spieglein an der Wand ...

Jetzt schreib aber daneben eine zweite Liste, die das genaue Gegenteil dessen aufzählt, was du aufgeschrieben hast. Es sind dies Eigenschaften deines Wunschpartners, die du unbewusst ablehnst. Eben weil du das eine möchtest, lehnst du unbewusst oft das andere ab. Im Beispiel oben möchtest du offenbar keinesfalls einen kleinen, unsportlichen und hässlichen Mops als Lebensgefährten.

Wie sieht deine Horrorvorstellung eines zukünftigen Partners, einer Partnerin aus? Schau dir deine unsichtbare zweite Bestellliste an, die durch deine inneren Ablehnungen beim Wünschen immer mitwirkt. Vielleicht hatten deine ehemaligen Lebenspartner ja genau einige dieser Eigenschaften?

Je mehr ich diese bestimmten Eigenschaften an meinem/meiner Zukünftigen ablehne, umso größer wird die Wahrscheinlichkeit, genau diese scheinbar nicht bestellten Charakterzüge zu erhalten. Zuerst sind sie wahrscheinlich versteckt, aber nach einiger Zeit kommen sie doch zum Vorschein. Der Partner spiegelt nämlich in sich immer auch die Teile, die ich selbst nicht leben will, die ich ablehne und die ich verdrängen möchte. Je mehr ich innerlich sage: »So möchte ich auf keinen Fall sein, und mein Partner darf es auch nicht«, desto mehr ziehe ich genau diese Eigenschaften am anderen an.

Das Universum ist nämlich der Meinung, ich solle »ganz« sein. Es hat nicht vorgesehen, dass ich bestimmte Eigenschaften des Menschseins ablehne. Darum ziehe ich Partner an, die genau diese Eigenschaften, die ich selbst

Spieglein, Spieglein an der Wand ...

nicht leben möchte, dann stellvertretend für mich leben. Im System »Ich + Du« bin ich dann unter dem Strich wieder »ganz«. Dem Universum ist es offenbar egal, ob ich selbst eine bestimmte Eigenschaft lebe oder ob mein unmittelbares Umfeld das für mich macht.

Aus heutiger Sicht würde ich sagen: Die erste Phase einer neuen Liebe, in der wir am Partner nichts als Gutes sehen, ist im Grunde so etwas wie Selbstverliebtsein. Ich liebe mich am Anfang der neuen Partnerschaft eigentlich unbewusst selbst. Meat Loaf besingt diese Phase so ungemein treffend: »You put the words right out of my mouth« – »Du sprichst genau das aus, was ich gerade sagen wollte.« Du hast dieselben Hobbys, du hörst dieselbe Musik, du hast die gleichen Interessen, du denkst und fühlst wie ich. Darum würde ich sagen: Ich liebe mich zu Beginn einer neuen Beziehung eigentlich nur selbst in verklärter Weise. Und eine relativ lange Zeit gelingt es uns tatsächlich auch, diese rosarote Wolke zu bewahren. In der *Süddeutschen Zeitung* las ich kürzlich, dass Wissenschaftler festgestellt haben, dass dieser »Honeymoon« bis zu 23 Monate andauern kann. Aber natürlich währt er niemals ewig.

Erst danach wird es so richtig spannend für das junge Paar. Nach dem ersten Rausch tritt Ernüchterung ein, und die Realität tritt hervor. Der andere, er hat Schatten, Fehler, Mängel. O Gott! Er ist ja scheinbar doch anders als ich, welche Überraschung! Das ist aber unschön! Und gleich wird die neue Bindung in Frage gestellt.

In diesem Stadium der Beziehung sehe ich plötzlich

Spieglein, Spieglein an der Wand …

auch das Negative am Partner. Wenn wir es schaffen, dieses Negative nach und nach anzunehmen, sind wir auf dem Weg zu mehr echter Selbstliebe, zu mehr Ganzheit. Wenn wir ehrlich sind, kennen wir uns selbst sehr genau, und oft hadern wir mit unseren eigenen Unzulänglichkeiten. Uns selbst wirklich zu lieben bedeutet aber vor allem, uns selbst so anzunehmen, wie wir sind. Mit unseren Macken, mit den vielen Schrullen. Und wenn wir noch ehrlicher sind, können wir auch zugeben: So richtig von jemand anderem geliebt fühlen wir uns dann, wenn dieser andere seinerseits unsere Macken akzeptiert oder sogar toll findet.

Jeder von euch mit ein wenig Lebenserfahrung wird mir da zustimmen. Liebe und innige Beziehungstiefe beginnen genau in diesem Augenblick. Ich habe einen Fehler gemacht, ich habe etwas Dummes gesagt, den Partner verletzt, ohne es zu wollen. Und mein Geliebter kommt zu mir, nimmt mich in den Arm und sagt: »Okay, das war schlimm. Aber mir passiert sowas auch früher oder später. Schwamm drüber. Ich liebe dich, genau so, wie du bist!« Kannst du spüren, wie erleichternd das ist?

Dem anderen seine Macken und »Fehler« nachzusehen hat viel mit Selbstliebe zu tun. Denn der Fehler, den ich am anderen sehe, ist nichts anderes als die Projektion meiner eigenen Fehler auf den anderen. In diesem Moment benutze ich den geliebten Menschen dazu, meinen Schatten, den ich ja nicht selbst an mir sehen kann und will, auf ihn zu übertragen. Der andere Mensch, er spiegelt mich. Mich selbst kann ich gar nicht wirklich sehen. Ich bin viel zu

Spieglein, Spieglein an der Wand ...

sehr in mir selbst »drin«. Ich brauche den anderen Menschen, um mich zu erkennen. Und in keinen Spiegel schaue ich öfter hinein als in die Augen meines Lebenspartners.

Wenn es mir gelingt, meinen eigenen Anteil an den Schwächen des Partners zu sehen, ist dies der Beginn einer wunderbaren Beziehung – in erster Linie zu mir selbst. Denn wenn ich langsam und immer mehr aus der Ablehnung gegen meinen engsten und liebsten Menschen gehe, bedeutet dies, dass ich meine eigene Ablehnung gegen mich selbst überwinde.

Den Schatten des anderen anzunehmen ist darum ein Königsweg zum persönlichen Glück. Denn dann kann ich auch mich selbst annehmen und werde so zu einem immer umgänglicheren Beziehungspartner. Bin ich mit mir gern allein und immer glücklicher, dann wird auch mein Partner immer lieber mit mir zusammen sein. Was will ich mehr? Dieses Glücksgeheimnis gilt übrigens auch außerhalb einer festen Beziehung.

Ich gebe gern ein Beispiel. Bei einem meiner Seminare kam in der Pause eine junge Frau auf mich zu und klagte, ihr Freund trinke zu viel. Er sei ja lieb und toll, aber die Sache mit dem Alkohol störe sie doch gewaltig. Sie selbst sei nämlich völlig abstinent. Sie habe sich bestellt, ihr Partner solle mit dem Alkohol aufhören, er tue es aber leider nicht. Was sie nun tun solle, wollte sie wissen.

Nachdem ich kurz in mich hineingehorcht hatte, kam mir die Frage: »Vielleicht trinkt dein Freund für dich mit?« Denn das Universum ist der Meinung, wir als Menschen

Spieglein, Spieglein an der Wand …

sollen »ganz« werden. Das bedeutet, wir sollten möglichst viele Aspekte des Lebens in unser Dasein integrieren. Lebe ich eine bestimmte Eigenschaft nicht, dann sagt das Universum gewissermaßen: »Okay, wenn du das so möchtest, ist es in Ordnung. Aber dann lebt deine Umwelt diese Eigenschaft für dich.« Es ist dem Universum oder der Schöpfung egal, ob wir bestimmte Dinge selbst leben oder ob wir sie sozusagen stellvertretend von außen erfahren.

Die junge Frau schaute mich fassungslos an. In ihr arbeitete es. So hatte sie die Sache noch nie gesehen. Nebenbei bemerkt: Ihr Freund war ganz sicher kein Alkoholiker, weit gefehlt. Es ging bei den beiden bei näherem Hinsehen nicht wirklich um das Thema Alkohol. Die junge Frau wollte vielmehr nichts trinken, weil sie lieb und nett erscheinen wollte. Alkoholgenuss war für sie gleichbedeutend mit Kontrollverlust, darum hatte sie Angst davor. Ihr Freund wiederum lebte durch sein Trinken eine Lockerheit und Leichtigkeit, die die junge Frau selbst sich nicht zugestehen konnte. Er lebte diesen Aspekt des Lebens – Freude, Ausgelassenheit, Geselligkeit – für sie.

Nachdem wir darüber kurz miteinander gesprochen hatten, ging sie (sichtbar nachdenklich) weg, um ihrem Freund eine kurze SMS zu schreiben: »Schatz, ich bin gerade auf einem tollen Seminar. Bussi.« Mehr nicht. Gleich darauf kam sie aufgeregt zurück und zeigte mir die Antwort-SMS auf ihrem Handy: »Weißt du, ich denke, ich lasse das mit dem Alkohol jetzt erstmal eine Weile sein.« Offenbar hatte die veränderte innere Haltung der jungen

Spieglein, Spieglein an der Wand ...

Frau bei ihrem Partner bewirkt, dass er mit dem Trinken aufhören konnte. Einen anderen Menschen annehmen zu können wirkt fast schon wie Magie! Es liegt eine Art Zauber auf der Liebe, der die Kraft zur Verwandlung besitzt.

Eine andere Frau beschwerte sich kurz darauf bei mir, sie sei ständig umgeben von unglaublich aggressiven Menschen. Sie habe sich schon oft bestellt, endlich von solchen Typen in Ruhe gelassen zu werden, aber es klappe einfach nicht. Auch ihr schlug ich einen Perspektivenwechsel vor: Möglicherweise zeigten die Rabauken in ihrem Leben stellvertretend für sie selbst Durchsetzungskraft und Stärke? Die betreffende Frau lehnte Aggression in jeder Hinsicht ab, das gab sie gerne zu. Also sagte das Universum wohl auch in ihrem Fall: »Na gut, dann leben eben andere Menschen in deiner Umwelt diese Eigenschaften für dich. Und je weniger du sie selbst leben möchtest, umso mehr leben eben die anderen Menschen sie für dich mit.«

»Ja«, wendete daraufhin die Frau ein, »was soll ich denn machen, ich will einfach nicht gemein und böse sein.« Das braucht sie auch nicht. Aggression ist einfach nur eine übersteigerte Form, für sich selbst einzustehen. Diese Eigenschaft kann man jedoch auf viele Arten ausleben, ohne gleich rücksichtslos werden zu müssen. Beispielsweise könnte die betreffende Frau sich darin üben, öfter Nein zu sagen oder mit ihrer eigenen Meinung für sich einzustehen, auch wenn andere Menschen anderer Ansicht sind.

Was wir selbst nicht ausleben wollen, das leben andere Menschen für uns mit. Wo immer ich sage: »So will ich auf

Spieglein, Spieglein an der Wand ...

keinen Fall sein«, ziehe ich auf magische und unsichtbare Weise genau diejenigen Menschen an, die »so sind«. Es ist der Schatten, von dem C. G. Jung spricht: »Schattenseiten, die ich ablehne, treten mir als Schicksal entgegen.« Der Schatten, den ich verdrängen will, wird nur immer stärker, je weniger ich ihn kenne.

Hier ist eine weitere Grenze des Bestellens erreicht. Es ist ein weiterer Irrtum anzunehmen, ich könnte meinen Schatten »wegwünschen«. Nein, er begleitet mich so lange durch mein Leben, bis ich ihn mir bewusst mache und ihn integriere. Das Universum, die Schöpfung oder auch Gott möchte offenbar, dass ich diesen Schattenanteil annehme und mit Leben fülle. Und schwupp, hören die Menschen in meinem Umfeld auf, die betreffenden Eigenschaften stellvertretend für mich zu leben. Möglich ist auch, dass ich von jetzt an ganz andere Menschen anziehe. Darum lässt sich sagen:

> Beim Betrachten meines Partners und meiner Umwelt schaue ich stets in meinen Spiegel. Mein Schattenanteil findet sich immer auch in ihnen. Ich kann ihn nicht wegbestellen.

Zum Glück kann ich nun in Zukunft beim Wünschen auf meinen Schatten Rücksicht nehmen. Ich kann mich also beispielsweise fragen: Gibt es Dinge an meinem jetzigen oder erwünschten Partner, die ich rundweg ablehne? Viele Frauen wünschen sich zum Beispiel einen gepflegten

Spieglein, Spieglein an der Wand ...

Mann. Auf der +/- -Liste würde dann stehen: +: gepflegt, -: stinkig. Oder Männer möchten gern eine sportliche Frau, denn sie legen Wert auf einen schönen Körper. Für die persönliche +/- -Liste würde dies bedeuten: +: sportlich, -: untrainiert.

Die Negativliste ist uns, wie gesagt, zunächst meist gänzlich unbewusst. Hat man sie sich jedoch in der oben beschriebenen Weise einmal bewusst gemacht, kann man sie in seinen Wunsch integrieren. Dann kann man sagen: Es wäre schön, wenn mein zukünftiger Partner die Eigenschaften XYZ mitbrächte, und es wäre nicht so schlimm, wenn er dann auch die eine oder andere Eigenschaft meiner Negativliste besitzt. Denn sicher lässt sich dafür eine gute Lösung finden.

Wenn ich mir also beim Bestellen eine gewisse Offenheit bewahre, gebe ich dem Universum die Möglichkeit, das Beste für mich und alle Beteiligten zu liefern.

Ich habe festgestellt, dass ich in der langen Zeit, die ich mich nun schon mit dem Thema Wünschen beschäftige, gelassener geworden bin. Mit jeder Wunscherfüllung kommt etwas Neues in mein Leben, und wenn mich daran etwas stört, dann bin ich immer besser dazu in der Lage, dieses Neue auch herzlich zu begrüßen. Wenn es mir gelingt, dem Leben gegenüber eine vertrauensvolle Einstellung einzunehmen, dann fühle ich mich des Öfteren richtig wohl in meiner Haut. In diesen Zeiten kann ich das Leben als Geschenk annehmen.

Spieglein, Spieglein an der Wand ...

Mein liebster erfüllter Wunsch Nr. 4: **Während eines Lebensfreudeseminares kommt eine ältere Frau auf mich zu und erzählt, dass ihre beiden Schwestern völlig zerstritten seien. Die ganze Familie leide darunter. Sie bestellte sich darum, beide Schwestern sollen sich wieder aussöhnen und Frieden finden. Bald darauf kam es dazu, dass diese Schwestern unabhängig voneinander gleichzeitig eine Kreuzfahrt buchten ... und zwar auf demselben Schiff. Dort mussten sie sich früher oder später in die Arme laufen. Zunächst wichen sie sich noch aus, dann aber redeten sie miteinander und klärten den Streit. Das Kreuzfahrtschiff war ihr bruttoregistertonnenschwerer Lieferbote.**

Wer genau ist es, der bestellt?

*Als ich meine Seele fragte, was die Ewigkeit
mit den Wünschen macht, die wir sammelten,
da erwiderte sie: Ich bin die Ewigkeit!*

Khalil Gibran

Rückblickend stelle ich immer wieder verwundert fest, wie sehr meine Ablehnungen mein Leben geprägt haben. Sie waren die Grenzen, an denen meine Bestellungen einfach scheitern mussten. Erst, als ich diese inneren Beschränkungen erkannte und auflöste, wurden auch bestimmte Wünsche erfüllt. Natürlich kostete mich dies jedes Mal beträchtliche Überwindung. Aber ich wurde belohnt mit einem freieren, glücklicheren Leben.

In den ersten Kapiteln habe ich einiges über Wünsche geschrieben, die meine Kinder betreffen. Ich möchte nun noch einmal darauf zu sprechen kommen, einfach weil die Entscheidung, Kinder in die Welt zu setzen, so folgenschwer ist wie kaum etwas anderes im Leben. Heute kann ich sagen, dass es vor allem meine Ängste und Befürchtungen waren, die zunächst verhindert haben, dass ich Vater werden konnte. Aus ihnen resultierte eine ganze Reihe von Ablehnungen, die mit meinem Kinderwunsch kollidierten

Wer genau ist es, der bestellt?

und ihn damit unmöglich machten. Schauen wir uns doch einmal genauer meine »unsichtbare Bestellliste« an. Sie erklärt so manches.

Ich hatte im Laufe der Jahre viele meiner Freunde Eltern werden sehen und wusste also, welche Veränderungen im Leben damit einhergingen. Ein Freund, der Kinder bekommt, hat danach kaum noch Zeit für andere Dinge. Wenn man ihn überhaupt noch einmal trifft, dann interessieren ihn nur noch Fläschchen und Windeln. Es gibt kaum noch ein anderes Gesprächsthema. Schlaf wird zum kostbarsten Gut. Während der ersten Zeit des Vaterseins bekommt er auffallend tiefe Augenringe, und er altert zusehends.

Seine Frau ist während der Schwangerschaft oft »schlecht drauf«. Manchen Frauen ist ständig übel, andere dürfen während der letzten Wochen vor der Geburt gar nicht mehr aufstehen. Über allem schwebt wie ein Damoklesschwert die Angst, das Kind könnte behindert zur Welt kommen – vor allem dann, wenn man erst in fortgeschrittenem Alter zu Eltern wird.

All dies spielte bei mir unbewusst in meinen Kinderwunsch hinein. Mal ehrlich: Bei all dem Stress wundert mich aus heutiger Sicht immer weniger, dass die Erfüllung meines Wunsches so lange dauerte. Und mir wird auch klar, warum so viele junge Menschen in unserer Welt keine Kinder bekommen. Natürlich lehnte auch ich es ab, keine Zeit für meine Freunde mehr zu haben, wenig zu schlafen und in den wenigen Monaten nach der Geburt jede Menge

Wer genau ist es, der bestellt?

Energie zu verlieren. Selbstverständlich machte ich mir Sorgen, ob das Kind gesund sein würde. Außerdem beschäftigte mich sehr, ob ich meine Stelle würde behalten können und in der Lage sein würde, eine Familie zu ernähren. Würde bei all dem Stress womöglich meine Beziehung zerbrechen? Würde ich dann mit meiner Expartnerin um das Kind kämpfen müssen?

Offenbar waren meinem Unterbewusstsein all diese Konsequenzen der Elternschaft lange Zeit zu heftig. So schön das Vatersein auch sein mag, es hat eben auch Risiken, so wie alles andere im Leben auch. Es dauerte lange, bis ich bereit war, diese Risiken zu akzeptieren. Dann erst konnte ich das deutliche Signal ans Universum senden: Ja, ich bin bereit! Und erst in der Folge kamen die Kinder.

Aus dieser Perspektive verstehe ich heute auch, warum ich einen Job als Umweltreferent, den ich doch scheinbar unbedingt haben wollte, erst im zweiten Anlauf erhielt. Ich habe diese Stelle nicht sofort erhalten, weil ich vieles an ihr zunächst abgelehnt habe. So spürte ich wohl zunächst sehr deutlich die Last, so jung ganz allein für eine ganze Abteilung verantwortlich zu sein. Auch ständig in Schlips und Kragen herumlaufen zu müssen behagte mir gar nicht. Und sicher gab es auch die unterschwellige Angst, nicht gut und qualifiziert genug für diese Stelle zu sein. Unterm Strich führte all dies dann dazu, dass ich beim ersten Vorstellungsgespräch abgelehnt wurde. (Vielleicht war dieses Nein nur eine Spiegelung meiner eigenen Ablehnungen gegen diesen Job?) Stattdessen machte ich nebenberuflich

Wer genau ist es, der bestellt?

eine Ausbildung, gewöhnte mich als Dozent an gute Kleidung und erhielt dann ein Jahr später tatsächlich doch noch den betreffenden Job. Dieses Mal war es sogar so, dass mein zukünftiger Chef von sich aus bei mir anrief. Ich war also inzwischen wohl innerlich wirklich bereit für diese Anstellung. Das Universum kam von selbst auf mich zu. Türen, die bis dahin verschlossen schienen, öffneten sich schlagartig. Parallel hätte ich sogar eine zweite, ähnliche Anstellung haben können. Ich konnte mir meinen Job plötzlich aussuchen.

Ähnlich holprig verlief auch die Wunscherfüllung bei der Beziehung, die ich vor Bärbel hatte und in der ich viele Jahre sehr glücklich war. Im ersten Anlauf hielt diese Bindung nur wenige Monate, und erst nach drei weiteren Jahren kamen wir dann richtig fest zusammen. Auch hier brauchte es also eine Weile. Die betreffende Frau war nämlich seinerzeit meine absolute Traumfrau, mit langen blonden Haaren und blauen Augen. Etwas in mir traute sich solch ein Glück offensichtlich zunächst einmal gar nicht zu. So toll war ich doch gar nicht, dass ich solch eine Frau verdient hätte! Sosehr ich diese Frau auch mochte, war ich doch erfüllt von der Sorge, nicht gut genug für sie zu sein. Ich dachte: Sicher verlässt sie mich bald. Und so kam es dann auch erst einmal.

Erst als wir uns nach einer Weile zufällig wiedertrafen und neu kennenlernten, wurden wir Freunde, und etwas in mir fasste Vertrauen. Ich war mir der gegenseitigen Liebe nun viel sicherer, und erst dann konnte diese Bindung für einige glückliche Jahre gelingen.

Wer genau ist es, der bestellt?

Ganz allgemein gibt es beim Wünschen oft zwei widersprechende Teile in mir. Der eine, bewusste, bestellt einfach drauflos, was das Zeug hält. Der andere, unbewusste, trägt Sorgen und Zweifel mit sich herum und hat darum meist eine gegenläufige Bestellung laufen, die mitunter verhindernd auf die Lieferung wirkt.

Zum Beispiel wollte ich mir lange Zeit kein neues Auto kaufen. Immerhin hatten wir gerade erst ein Haus gekauft, und mein fester Vorsatz war, den alten Wagen, den ich von meinem Vater übernommen hatte, noch viele Jahre lang zu fahren. Erst wenn das Haus weitgehend abbezahlt sein würde, wollte ich mir ein neues Auto leisten. So viel zu meiner bewussten Bestellung. Zu jener Zeit kauften sich plötzlich viele Kollegen ein neues Fahrzeug. Es war wie ein Virus, innerhalb kurzer Zeit fuhren alle mit ihren neuen Schlitten vor. Unbewusst wünschte ich mir daraufhin offenbar, endlich auch etwas schönes Neues fahren zu können. Bewusst aber erlaubte ich es mir nicht, denn es widersprach meinem Wunsch nach Sparsamkeit.

Was tut das Universum in diesem Dilemma? Es brachte meinen Wagen im Winter ins Rutschen, ich hatte einen kleinen Unfall, bei dem der Wagen aber so schwer beschädigt wurde, dass eine Reparatur sich nicht mehr lohnte. Also »zwangen« mich die Umstände (oder war ich es selbst, in meinem unbewussten Persönlichkeitsanteil?) zum Kauf eines neuen Autos.

Noch viele Wünsche in meinem Leben wurden von mir selbst blockiert. Darum glaube ich, es ist ein Irrtum zu

Wer genau ist es, der bestellt?

meinen, das Bestellen sei eine rein technische Angelegenheit, die ich nur gut genug erlernen muss, dann werde es damit irgendwann schon klappen. Richtiger ist vielmehr zu sagen:

Ich nehme mich immer mit, überallhin. Und damit werde ich meine eigene Grenze beim Wünschen.

Meine inneren Begrenzungen, die ich unbewusst mit mir herumtrage, bestellen viel stärker mit, als ich ahne. Dabei handelt es sich vor allem um meine Selbstzweifel und meine Ängste.

Damit wird das Wünschen zu einer schönen Möglichkeit, mich selbst besser kennenzulernen. Wird ein Wunsch nicht erfüllt, kann ich in mich hineinblicken und mich fragen: Warum erlaube ich mir die Auslieferung dieser Bestellung noch nicht?

Es ist wohl eine sehr grundsätzliche Eigenheit von uns Menschen, die Umstände in unserem Leben als etwas von uns Getrenntes zu betrachten. Wie weiter oben schon beim Thema Partnerschaft ausgeführt, stehe ich in andauernder Wechselwirkung mit meiner Umgebung. Die Dinge, die scheinbar nur »da draußen« stattfinden, stehen in einem engen Zusammenhang mit mir selbst. So kann es dann etwa sein, dass meine Partnerin oder mein Partner Dinge oder Eigenschaften leben, die ich selbst nicht leben möchte.

Ganz ähnlich ist es offenbar nun auch mit den Bestellungen beim Universum. Wenn ich eine Sache, die ich mir

Wer genau ist es, der bestellt?

wünsche, nicht erhalte, hat dies nichts mit einer Willkür des Universums zu tun, das auf zufällige Art und Weise Bestellungen erfüllt oder eben nicht. Vielmehr bin ich am Prozess der Wunscherfüllung sehr viel stärker beteiligt, als mir dies möglicherweise bewusst ist. Mein innerer Zustand, meine Haltung, meine Einstellung mir selbst und auch dem Bestellen gegenüber wirken sich stark auf den Erfolg meiner Bestellungen aus.

Die gute Nachricht ist darum: Wenn ich mich selbst besser kennenlerne, dann habe ich immer bessere Chancen, dass meine Wünsche erfüllt werden. Je mehr ich von meinen inneren Begrenzungen weiß, umso besser gelingt das Wünschen.

Plastisch kannst du dir das am Bild eines Sendemastes verdeutlichen: Manchmal siehst du vielleicht ein Haus mit einer Riesenantenne auf dem Dach, das einem Hobbyfunker gehört. Er braucht solch eine große Antenne, um bestimmte Frequenzen empfangen zu können; viel größer, als es für den normalen Empfang von Funk und Fernsehen notwendig wäre. Mir scheint es so, als hätten wir alle die Möglichkeit, ganz viele Frequenzen des Universums zu empfangen. Wir alle haben solch eine große Antenne wie ein Hobbyfunker bei unserer Geburt mitgeliefert bekommen. Nur benutzen wir sie nicht, ja wir kennen sie nicht einmal, weil wir uns selbst nicht kennen. Durch unsere inneren Grenzen und unsere Glaubenssätze schränken wir die Bandbreite unserer Verbindung zum Universum ein. Und je besser wir uns kennenlernen, umso deutlicher tritt der Sendemast unserer Antenne hervor. Wir sind viel mehr, als wir glauben zu sein!

∽ Übung 5: Mein Traumjob ∽

Umfragen ergeben regelmäßig, dass sehr viele Menschen mit ihrer Arbeit nur bedingt glücklich sind. Vielleicht kann diese Übung mindestens bei dir dazu beitragen, das zu ändern. Beschreibe in deinem Wunschtagebuch zunächst einmal deinen jetzigen Job. Was fällt dir dazu ein? Häufig kommen hier leider Antworten wie etwa: »Füllt mich nicht aus«, »Macht mir keinen Spaß«, »Der Chef ist doof, ich will da weg« oder »Ich gehe nur sehr ungern jeden Morgen zur Arbeit«.

Frage dich im nächsten Schritt: Was spiegelt dir solch eine Haltung deiner Arbeit gegenüber? Wie sieht es in dir selbst aus, wenn du so denkst? Welche Ablehnungen könnten dahinterstecken?

Wenn ich meinen aktuellen Job stark ablehne, gebe ich ihm und dem unerwünschten Zustand sehr viel Energie. Dann wird es mir sehr schwerfallen, diesen unbefriedigenden Arbeitsplatz positiv zu verändern oder einen neuen, besseren Job zu finden.

Damit etwas »besser« als heute werden kann, müsste deine eigene Energie besser werden. Das kann dir gelingen, wenn du auch das Gute an deinem Beruf sehen lernst. Dies würde deine Ablehnung heilen. Frage dich darum: Was ist das Gute an meinem Chef, an meinem Beruf? Wofür könnte ich dieser Position, in der ich arbeite, dankbar sein? Spürst du, wie die-

Wer genau ist es, der bestellt?

ser neue Gedanke dir gut tut? Es ist wie eine frische Brise im Kopf, so, als würdest du morgens dein Schlafzimmer gut durchlüften. Schlechte Gedanken sind wie Mief, der deine Kraft und deine Energie raubt. Du lernst mit diesem Perspektivenwechsel im Grunde Dankbarkeit. Dankbarkeit ist im Zusammenhang mit dem Wünschen ein so wichtiges Thema, dass ich ihm das folgende Kapitel widmen möchte.

Mein liebster erfüllter Wunsch Nr. 5: **Zum Geburtstag hatte Petra die DVD *Der Herr der Ringe* geschenkt bekommen. Allerdings besaß sie keinen DVD-Spieler. Als geübte Universumsbestellerin wünschte sie sich daraufhin einfach einen kostenlosen Player und erzählte auch ihrem Mann davon. Der konnte es nicht fassen und berichtete tags darauf einem Arbeitskollegen davon: »Stell dir vor, meine Frau ist jetzt total verrückt geworden. Sie hat sich doch tatsächlich einen kostenlosen DVD-Player beim Universum bestellt.« – »Ach«, meinte der Kollege daraufhin, »ich habe zu Hause noch einen brandneuen, den wir nicht brauchen. Den kann deine Frau haben!«**

7

Mehr als nur eine Floskel – Danke!

*Wäre das Wort »Danke« das einzige Gebet,
das du jemals sprichst, so würde es genügen.*

Meister Eckhart

Wir sehen die Welt da draußen immerzu durch unsere Augen an, und doch nehmen wir sie nicht wirklich wahr. Oft sind wir so beschäftigt mit unseren Gedanken, dass wir gar nicht richtig mitbekommen, was uns umgibt. Dann denken wir an den nächsten Tag und versäumen, ganz im Hier und Jetzt zu sein. Vielleicht geben wir uns sogar Tagträumen hin und »beamen« uns in eine schönere, aber leider nur vorgestellte Welt hinein. In den letzten Kapiteln ist deutlich geworden: Ablehnungen geschehen vor allem unterbewusst. Mir ist es gar nicht wirklich klar, wie viele Ablehnungen ich in mir hege und pflege. Wenn ich mich immer besser kennenlerne, dann werden mir diese Ablehnungen zunehmend bewusst. Je klarer ich mich selbst sehe, desto besser kann ich mit meiner Umwelt in Kontakt treten. Denn jede Ablehnung ist nichts anderes als eine Trennung. Wo ich dagegen bin, da wehre ich ab. Was ich ablehne, das möchte ich aus meinem Leben heraushalten. Wenn es mir gelingt, immer weniger abzulehnen, dann fühle ich mich gleich-

Mehr als nur eine Floskel – Danke!

zeitig auch immer weniger getrennt von meiner Umwelt und meinen Mitmenschen. Meine Beziehungen zu anderen Menschen und auch die Beziehung zur Schöpfung oder zum Universum werden darum immer besser.

In der Folge entsteht auch eine viel engere Beziehung zu mir selbst. Ich lehne mich selbst weniger ab. Wo ich Ablehnungen loslassen kann, da wächst die Liebe zu mir selbst. Ich hadere weniger mit mir, kritisiere mich seltener und gehe immer sorgsamer mit mir selbst um. Das Schöne daran ist: Wenn meine Selbstliebe wächst, dann steigert sich auch meine Liebe zum Leben und zum Universum. Nach dem Prinzip »Wie innen, so außen« spiegelt sich die Liebe zu mir selbst dann immer häufiger auch in meiner Umwelt. Das hat eine sehr weitreichende Konsequenz: Das Universum liebt mich dann auch mehr zurück! Und dies geschieht ganz einfach durch eine wachsende Dankbarkeit in mir.

Von Christian Morgenstern ist das Wort überliefert, dass Dankbarkeit und Liebe Geschwister sind. Die beiden sind genau genommen sogar so etwas wie siamesische Zwillinge: Man kann sie nicht trennen, sie bestehen im Grunde aus derselben Energie. Wenn ich jemanden liebe, dann bin ich ihm dankbar, und wenn ich Danke sage, lasse ich dabei Anerkennung und Zuneigung fließen. Dankbarkeit ist so etwas wie die »Währung der Liebe«. Menschen ohne Selbstliebe sind zumeist auch unfähig, Dankbarkeit zu zeigen. Woher sollte die Wertschätzung einem anderen Menschen gegenüber auch kommen, wenn man sich selbst nicht wertschätzen kann?

Mehr als nur eine Floskel – Danke!

Danke zu sagen steht in unserer heutigen Gesellschaft leider nicht allzu hoch im Kurs. Wir neigen dazu, Dinge, die uns täglich umgeben und die wir wertschätzen sollten, schlicht zu übersehen. Wer dankt schon seinem Auto, wenn es ihn jeden Tag klaglos und ohne Panne zur Arbeit fährt? Wer dankt seinem Haus dafür, dass es ihn beherbergt, wärmt und vor der Witterung schützt? Wer ist dankbar für die Möglichkeit, jeden Tag beim Einkaufen aus einer Fülle von Lebensmitteln auswählen zu können?

Stattdessen, seien wir mal ehrlich, nehmen wir solch dankenswerte Umstände doch oft einfach als gegeben hin. Da wir alle darüber verfügen, sind sie nichts Besonderes mehr. Viel eher neigen wir dazu, stattdessen zu schimpfen, sollte das Auto mal kaputtgehen, das Haus renovierungsbedürftig werden oder unser Lieblingsprodukt ausverkauft sein. Für den Wohlstand, den wir Tag für Tag erleben, haben wir keinen Blick mehr.

Damit erklärt sich auch der eingangs dieses Kapitels zitierte Satz von Meister Eckhart. Er versteht das Danke-Sagen als eine Art Gebet, das bekräftigt und anerkennt, was wir in jedem Moment unseres Lebens geschenkt bekommen. Indem wir es sehen und anerkennen, senden wir ein Signal ins Universum: »Bitte, gib uns mehr davon.« Niemand kann wohl jemals sagen, welches unsichtbare kosmische Räderwerk in Gang gesetzt wird, damit eine Bestellung empfangen, verpackt und geliefert werden kann. Aber wenn ich durch das simple »Danke« ausspreche, wie wertvoll für mich auch die allerkleinste Lieferung

Mehr als nur eine Floskel – Danke!

ist, dann fühlt sich das Universum mit seinen unsichtbaren Helfern gesehen und arbeitet sicher viel lieber und besser auch in Zukunft für mich. Danke-Sagen kann aber noch in einem weit größeren Zusammenhang verstanden werden. Es ist relativ leicht, für einen positiven Umstand in meinem Leben dankbar zu sein: »Danke, dass die Sonne scheint. Danke, dass ich heute so einen schönen Tag erleben durfte.« Viel schwerer fällt es dagegen, auch einer Widrigkeit oder einem Problem Dankbarkeit zu zollen, dankbar zu sein für das Gute wie auch für das Schlechte im Leben. Danke zu sagen für mein ganzes Leben, für alles daran.

Immerhin hilft mir das kaputte Auto, mich daran zu erinnern, wie oft es fehlerlos funktionierte. Und dann sage ich ihm vielleicht doch einfach mal wieder Danke. Gut, dass es dich gibt. Mein Vater hatte einen alten Opel, und er bedankte sich immer bei seinem Fahrzeug, besonders, wenn es lange Strecken mit der Familie bewältigt hatte. Ich habe das sozusagen als Familientradition übernommen und sage meinem Wagen auch immer wieder mal Danke, wenn er mich sicher von einer Vortragsreise nach Hause gebracht hat.

Dankbarkeit in einem umfassenden Sinne erkennt darüber hinaus an, dass wir aus unserem eingeschränkten menschlichen Bewusstsein heraus oft gar nicht das Große und Ganze einer Situation überblicken können. Vielleicht ging das Auto kaputt und verhinderte damit einen Unfall – wer kann das schon mit Sicherheit wissen? Oft erweisen

Mehr als nur eine Floskel – Danke!

sich Dinge, die wir erleben und zunächst aus unserer eingeschränkten Perspektive heraus als »schlecht« aburteilen, Jahre später als großer Segen. Bei mir beispielsweise hätte ohne die Trennung von meiner früheren Lebensgefährtin ganz sicher Bärbel nicht geliefert werden können.

Wenn es uns gelingt, alles im Leben als Geschenk anzusehen, steigern wir unsere Energie und werden vom Universum damit auch besser gesehen und beliefert.

Übung 6: Womit beschenkt mich das Leben?

Den ersten Schritt hin zu mehr Dankbarkeit kannst du tun, indem du alle Wünsche aufschreibst, die du bereits erfüllt bekommen hast. Anhand dieser Liste kannst du dir darüber klar werden, wie reich beschenkt du vom Leben bist. Sei dir gewiss, durch diese Anerkennung fühlen sich die himmlischen Lieferboten ihrerseits beschenkt, du gibst ihnen in dieser Form gewissermaßen ein Trinkgeld. Sie warten dann nur auf deinen nächsten Auftrag, um ihn besonders zuvorkommend auszuführen.
In einem zweiten Schritt kannst du dir die Fülle in deinem Leben bewusst machen, indem du aufschreibst, wofür du wirklich dankbar bist. Geh dein Leben Jahr für Jahr durch und schreibe alle Punkte auf, die wert erscheinen, dafür dankbar zu sein. Wenn dir nicht zu jedem Jahr auf Anhieb etwas einfällt, hilft es, wenn du dich fragst: »Wann war ich besonders glücklich? Was in meinem Leben gestern und heute ist Grund und Anlass für mein persönliches Glück?« Schreib es auf, und wenn du Freude daran

Mehr als nur eine Floskel – Danke!

hast, setze dich abends einmal in der Woche oder immer mal wieder mit deiner Dankbarkeitsliste hin, lies sie durch, sei dankbar und füge jedes Mal mindestens einen neuen Punkt hinzu.

Lass uns noch einmal zurückkehren zum Motto dieses Kapitels. Warum versteht Meister Eckhart das simple Wörtchen »Danke« als Gebet? Offenbar hat »Danke« eine große Kraft in sich. Es ist vielleicht vergleichbar mit dem Wort »Amen«, das wir als Ende unseres Vaterunsers kennen. Im Aramäischen, aus dem dieses Wort stammt und das Jesus gesprochen haben soll, bedeutet es so viel wie »So sei es«. Bauern gebrauchten das Wort in früheren Zeiten, um einen Handel zu bekräftigen. Man kannte keinen schriftlichen Vertrag, aber durch einen Handschlag im Zusammenspiel mit dem Ausruf »Amen« war der Pakt besiegelt. Der Kauf war rechtskräftig.

Sicher haben wir bei unserer Geburt keinen Vertrag abgeschlossen, aber irgendwo haben wir als Seele wohl zugestimmt, in diesen Körper und dieses Leben hineinzugehen. Damals haben auch wir »Ja und Amen« gesagt, »So sei es«, und wir bekamen daraufhin unser Leben geschenkt. Im Alltag hadern wir dann mit diesem oder jenem, und unsere Ablehnungen zeigen uns unmissverständlich, wie unzufrieden wir mit unserem Leben doch sind. Lernen wir nun aber wieder, immer mehr dankbar zu sein, für alles in unserem Leben, für das Gute wie für das Schlechte, dann bekräftigen wir diesen vor unserer Geburt geschlossenen Pakt aufs Neue. Wir sagen wieder »Ja«, mit

Mehr als nur eine Floskel – Danke!

jedem erneuten »Danke«, das wir sprechen oder fühlen. Sagen wir »Danke« aus unserem ganzen Herzen heraus, dann bekräftigen wir den Entschluss, den wir als Seele vor unserer Geburt getroffen haben. Kannst du dir ein schöneres und tieferes Gebet vorstellen? Ich bin mir sicher, dass Dankbarkeit in diesem tiefen Sinne im Universum eine Resonanz findet.

Dankbarkeit ist eine Form von Gebet und sagt ganz Ja zum Leben.

Mein liebster erfüllter Wunsch Nr. 6: Die 15-jährige Beate hatte in einem Schaufenster ihre Traumjacke entdeckt, die 79 Euro kosten sollte. Da sie ihre Handygebühren wieder einmal heftig überzogen hatte, musste sie diese aber zuerst bei ihren Eltern von ihrem Taschengeld abbezahlen. Selbst hatte sie nichts gespart, und mehr als 50 Euro wollte ihre Mutter nicht zur Jacke zuschießen. Beate wünschte sich trotzdem, die Jacke doch noch kaufen zu können. Als sie das nächste Mal am Schaufenster vorbeiflanierte, begann gerade der Schlussverkauf, und die Verkäuferin änderte gerade den Preiszettel an der Jacke. Sie wurde in diesem Moment auf 49,99 Euro heruntergesetzt! Beate stand der Mund offen, und sie sagte einfach nur: Danke für die Lieferung!

8

Das Universum hört mir immer zu

> *In der Tiefe eurer Hoffnungen und Wünsche liegt euer stilles Wissen um das Jenseits; und wie Samen, der unter dem Schnee träumt, träumt euer Herz vom Frühling.*
> *Traut den Träumen, denn in ihnen ist das Tor zur Ewigkeit verborgen.*
>
> Khalil Gibran

Noch einmal möchte ich an dieser Stelle kurz auf das Thema Wunschlisten zurückkommen. Weiter oben habe ich erzählt, dass auch ich mir Bärbel mit einer derartigen Liste bestellt hatte. Und bei mir hat es damals funktioniert, weil ich kaum Dinge auf der Liste exakt und in ausschließender Weise festgelegt hatte. Ich habe damit dem Universum überlassen, das Beste für mich aus seinen unzähligen Möglichkeiten herauszusuchen und zu liefern.

Denn das Universum hält für mich sicher eine große Auswahl an Partnern bereit, die gut zu mir passen. Der oder die Beste wird aber vor allem durch mich selbst bestimmt. Wenn ich zu viele Einschränkungen mache (und das tue ich ohne Zweifel bei meiner Wunschliste), dann wird die Fülle eingeschränkt. Es bleiben dann nur noch wenige Menschen übrig, die sowohl den Kriterien des

Universums wie auch meinen eigenen Anforderungen genügen. Wird meine Liste sehr lang, dann bleibt am Ende vielleicht gar kein Mensch mehr übrig, der passt. Superman und Superwoman leben wohl doch in einer anderen Galaxie.

Durch zu lange Listen nehme ich dem Universum die freie Wahl. Stattdessen denke ich, es besser zu wissen und genau bestimmen zu können, was gut und richtig für mich ist. Aber weiß ich das wirklich? Habe ich zum Beispiel einen Job, der gut und richtig ist? Die meisten Menschen haben sich auch ihre Arbeitsstelle selbst ausgesucht, aber nur die wenigsten sind wirklich glücklich damit. Die meisten haben auch ihren Beziehungspartner ausgewählt. Und selbst hier sind viele eher frustriert. Wie es scheint, gelingt die ganz und gar selbstbestimmte Auswahl den meisten Menschen nicht wirklich zufriedenstellend.

Dies hat wiederum mit unseren inneren Ablehnungen zu tun. Eine lange und detaillierte Wunschliste etwa für meinen Traumpartner wird immer auch eine Vielzahl von Ablehnungen beinhalten. Wenn ich aber am anderen Menschen so viel ablehne, lehne ich auch viele Teile an mir selbst ab, und zwar unbewusst. Teile, die ich ablehne, sind mir also unbekannt. Im Grunde zeigt mir darum eine sehr detaillierte Bestellliste gar nicht so sehr, was ich mir wünsche, sondern eher, wie wenig ich mich selbst noch kenne.

Wenn ich über mich selbst aber vieles nicht weiß, wie um alles in der Welt soll ich dann wissen, welcher Partner zu mir passt? Ich sondiere das Feld der möglichen Partner, ohne eigentlich zu wissen, wer ich selbst bin. Als ich mir Bärbel bestellte, habe ich schlicht das große Glück gehabt, einfach den Menschen zu wünschen, der am besten zu mir passt. Und nur darum konnte das Universum mir Bärbel liefern. Ich ließ es gewähren. Das Universum braucht offenbar möglichst viel Freiheit, um aus der kosmischen Lostrommel das beste Ergebnis für mich herauszuziehen. Darum ist es hilfreich, beim Wünschen eine Haltung inneren Vertrauens darauf einzunehmen, dass das Beste schon kommen wird.

∽ *Übung 7: Was zeigt mir meine Ablehnung?* ∽

Nimm dir bitte noch einmal die Liste deines Traumpartners aus Übung 4 zur Hand. Betrachte die Liste deiner Ablehnungen bestimmter Eigenschaften an ihm und frage dich: »Was sagt diese Liste über mich selbst aus? Warum ist mir dieser Punkt so wichtig? Was soll beim neuen Lebensgefährten auf jeden Fall fehlen?« Im nächsten Schritt frage dich: »Was sagt mir meine Bestellliste über mich selbst?«

Wenn du dir bei deinem Partner Treue wünschst, ist dies eine Qualität, die du selbst hoch bewertest. Dahinter steht meist eine Ablehnung der Untreue. Untreu möchtest du auch selbst nicht sein. Soll dein Partner charmant sein, so ist es meist eine Eigenschaft, die du auch bei dir sehr schätzt. Ablehnen tust du aber dann sicher Grobheit und Arroganz, bei dir selbst wie beim Partner. Manchmal ist es auch umgekehrt: Dann soll der Partner

Seiten haben, die du dir selbst nicht zutraust. So kann es geschehen, dass du dir einen starken und durchsetzungsfähigen Partner wünschst, der diese Fähigkeit für dich einsetzt, da du sie selbst nicht zu haben glaubst. Der Partner soll dich dann beschützen. Ablehnen wirst du dann aber gewiss Schwäche, bei dir selbst und deinem Partner. Diese Ablehnung zeigt dir: Du liebst dich selbst nicht für deine Schwäche.

Diese Übung kann die Augen öffnen für die Tatsache, dass ich mich in meinen Ablehnungen eigentlich gegen mich selbst stelle. Wenn ich dabei ganz ehrlich bin, dann muss ich zugeben: Ich mag mich selbst noch nicht so wirklich. Wäre meine Liste von Bärbel lang und exakt formuliert gewesen, ich hätte mir vielleicht Claudia Schiffer gewünscht. Aber innerlich ausgestrahlt hätte ich dabei: Ich liebe mich selbst nicht. Hätte ich auf diese Weise eine Frau angezogen, die mich liebt, so wie ich bin? Ganz sicher nicht! Denn es hätte dem Prinzip »Gleiches zieht Gleiches an« widersprochen.

Der Partner, den ich auf diese Weise bestelle, wird notwendigerweise meine Schatten spiegeln müssen. Und meine lange Liste zeigt mir nur allzu deutlich: Ich trage noch viele davon mit mir herum. So kann eine Partnerschaft nicht glücklich werden, denn ich mag mich selbst nicht, ich bin mit mir selbst noch nicht glücklich. Wie sollte ich es dann mit einem Partner sein? Wenn ich es mit mir selbst nicht aushalte, wie sollte es dann ein anderer Mensch können? Machen wir doch gleich eine Übung daraus:

Übung 8: Selbstannahme

Ganz oft in unserem Leben legen wir unseren Fokus ausschließlich auf die Fehler und Mängel, die wir an uns finden. Letztendlich sind wir selbst doch unsere größten Kritiker. Darum drehen wir bei dieser Übung den Spieß einfach mal um. Frage dich: Worauf in meinem Leben bin ich wirklich stolz? Mach dir wieder eine Liste und schreibe alle guten Eigenschaften auf, die du an dir findest. Wenn dir das schwerfällt, kann es hilfreich sein, dich in die Perspektive deines besten Freundes zu versetzen und die Liste aus seinem Blickwinkel heraus zu schreiben. Was fiele dir über dich selbst ein, wenn du für einen Moment lang dein bester Freund wärst? Achte auch auf die Herausforderungen in deinem Leben, die du bereits bewältigt hast. Schreib sie dir auf. Lies dir zum Schluss diese Liste noch mehrere Male durch und nimm sie dir auch später zur Hand, wenn du ein wenig Unterstützung gut gebrauchen könntest.

P.S.: Wenn dir diese Liste Freude gemacht hat (was ich hoffe), dann schreib doch einfach eine ähnliche Liste auch für deinen besten Freund. Was sind seine besonderen Fähigkeiten? Warum schätzt du ihn so sehr? Gib sie ihm in einem passenden Moment und freue dich dann gemeinsam mit ihm über eure so gut funktionierende Freundschaft.

Liebe ich mich selbst, dann strahle ich Liebe aus. Die Liebe in meinem Inneren wird entsprechend dem Prinzip der Resonanz einen anderen Menschen anziehen, der dieser

Das Universum hört mir immer zu

Liebe entspricht. Selbstliebe ist damit der sicherste Weg in eine glückliche Partnerschaft.

Darüber hinaus steigert Selbstliebe die Fähigkeit, den anderen anzunehmen, wie er ist. Selbstliebe und Akzeptanz des anderen sind zwei Seiten derselben Medaille.

Während meiner Beziehung mit Bärbel hatte ich sehr viel Gelegenheit, Annahme zu erlernen. Das fing schon mit meinem Umzug an. Innerlich hatte ich bis dahin immer eine gewisse Ablehnung gegen Bayern empfunden – warum, konnte ich eigentlich gar nicht genau sagen. Heute weiß ich den Freistaat sehr zu schätzen. Ich hatte mir immer gewünscht, dass meine Kinder auf dem Land und in freier Natur großwerden sollten. Und davon haben wir in der Nähe von München genug.

Aber natürlich waren auch viele andere Aspekte des Lebens mit Bärbel das größte Lernfeld – für mich und auch für Bärbel. Ich durfte lernen zu akzeptieren, dass Bärbel streng vegetarisch lebte und unsere Kinder auch so erzog. Bärbel wiederum durfte lernen, dass ich manchmal Fleisch esse. Auch unser unterschiedlicher Tagesrhythmus schulte unsere Fähigkeit zur Akzeptanz. Bärbel arbeitete gern abends und schlief lange, ich gehe gern früh zu Bett und bin morgens putzmunter. Und so weiter. Die Liste ließe sich noch um einiges verlängern.

Ein wichtiger Punkt war auch Bärbels große Bekanntheit. Viele Männer fragten mich heimlich: »Wie hältst du das eigentlich aus, mit solch einer erfolgreichen Frau?« Offenbar haben auch heute, im Zeitalter der Emanzipation, viele Männer den Wunsch, Familienernährer und Chef im Haus zu sein. Der Frau bleibt dann nur ihre klassische Rolle als Mutter und Hausfrau. Natürlich war Bärbels Bekanntheit für mich in unserer Beziehung zunächst etwas Ungewohntes, aber ein wirkliches Problem war sie nicht. Schließlich wusste ich ja von Anfang an, wer sie war. Ich hatte sie auf dem Höhepunkt ihres Schaffens kennengelernt und freute mich mit ihr über ihren Erfolg.

Sicherlich gilt in jeder Beziehung: Jeder hat seine Begabungen, und jeder hat auch seine Schwächen. Das ist bei mir so, und unzweifelhaft war es auch bei Bärbel so. Ich würde sogar sagen wollen: Hinter jeder Stärke muss auch eine Schwäche stehen, sozusagen als Ausgleich. So, wie auf einen Wellenberg im Meer zur Erhaltung der Harmonie insgesamt wieder ein Wellental folgen muss. Ein reifer, erwachsener Mensch ist sich dessen bewusst und kann es akzeptieren.

Anschaulich wird das Ineinander von Licht und Schatten sehr schön am Yin-Yang-Symbol. Jeder hat dieses Zeichen schon einmal gesehen. Es besteht aus zwei Wellen, die ineinander verschlungen sind, in Schwarz und Weiß dargestellt, als Ausdruck der Gegensätze und der Dualität im Kosmos. Besonders spannend dabei ist der kleine Punkt in jeder Farbe. Mitten in der weißen Welle ist ein schwarzer Fleck, und umgekehrt. Ich interpretiere das so: In der Schöpfung ist es unmöglich, in ein Extrem zu verfallen. Am dunkelsten Punkt der Nacht beginnt schon der neue Morgen. Im einen ist das andere immer schon angelegt,

Das Universum hört mir immer zu

und 100 Prozent Weiß sind nicht möglich, Schwarz muss als Möglichkeit immer integriert und vorhanden sein.

Wenn in einer Ehe oder Partnerschaft bestimmte Eigenschaften am anderen konsequent abgelehnt und kritisiert werden, dann geht es dabei in der Regel um einen Kampf mit dem eigenen Schatten. Je mehr ich diesen Anteil des anderen ablehne, umso stärker mache ich diesen Aspekt in ihm. Je mehr ich den anderen zwingen möchte, anders zu sein, umso weniger wird es mir gelingen. Ein Mensch kann unmöglich nur »weiß« sein, es braucht als Gegenpol auch das Schwarz. Wenn ich Schwarz ablehne, lasse ich letztlich auch das Weiß nicht zu. Akzeptiere ich aber den schwarzen Anteil, kann das Weiße umso heller strahlen.

In der neuen Zeit, die seit dem Jahrtausendwechsel und dem Ende des Maya-Kalenders angebrochen ist, wird uns die Konsequenz unserer Ablehnungen immer mehr bewusst. Ablehnung ist eine so machtvolle Kraft, dass sie immer durch unser Wesen wirkt. Es ist darum ein Irrtum zu denken, Bestellungen würden nur im jeweiligen Moment des bewussten Wunsches ausgesendet. In Wahrheit strahlen wir in jedem Augenblick eine bestimmte Energie aus, die in Resonanz zum Universum tritt:

Ich stehe immer in Verbindung zum Universum, nicht nur beim bewussten Bestellen.

In der ersten Phase des Bestellens beim Universum brauchte es noch den Moment des bewussten Wünschens, um uns die Verbindung zum Universum klarzumachen. In dieser Phase bleibt die Verbindung zur Schöpfung aber die meiste Zeit noch unbewusst. Charakteristisch dafür ist, dass wir dann denken, bestimmte Dinge in unserem Leben passierten einfach, ohne dass dies etwas mit uns selbst zu tun haben müsse.

Das hawaiianische Hooponopono ist eine wirksame Technik, um zu verdeutlichen, wie sehr wir immer in Kontakt zu unseren Mitmenschen und zur gesamten Umwelt stehen. Habe ich ein Problem mit einem anderen Menschen, so kann ich mich fragen, was dies mit mir selbst zu tun hat. Das Problem zeigt mir in meinem Außen, dass in meinem Inneren offensichtlich auch irgendetwas in Unordnung ist. Nach dem Prinzip »Wie außen, so innen« kläre ich beim Hooponopono mein Inneres und bringe es in Frieden, um auch mein Außen wieder harmonisch zu gestalten und ins Gleichgewicht zurückzubringen. »Hoo« heißt »etwas tun«, und »Pono« bedeutet so viel wie »Frieden«. Der Erfolg dieser uralten Vergebungstechnik überzeugt immer mehr Menschen davon, dass eine unsichtbare Verbindung zwischen ihnen und den Menschen ihrer Umwelt besteht. Die hoffnungsvolle Botschaft des Hooponopono lautet: Finde ich in meinen Frieden, dann wird auch meine Umwelt sich zum Frieden hin entwickeln. Gehe ich in mein Herz und die Liebe, dann wird die Liebe allein schon dafür sorgen könne, dass im Außen vermehrt Dinge geschehen, die diese Liebe in mir spiegeln.

Das Universum hört mir immer zu

Mein liebster erfüllter Wunsch Nr. 7: Peter hatte schon viele Jahre Probleme mit seinem Vorgesetzten. Er arbeitete als Arzt in einer Großklinik, und sein Chefarzt ließ kein gutes Haar an ihm. Entweder er ignorierte ihn völlig, oder er übergoss ihn mit beißendem Spott, sobald Peter auch nur den allerkleinsten Fehler machte. Natürlich wünschte sich Peter schon lange eine Aussöhnung mit ihm. Auf einem Wochenendseminar bei mir zum Thema Partnerschaft arbeitete er besonders intensiv an dieser für ihn schwierigen beruflichen Beziehung. Er konnte seinen eigenen Anteil an der Situation entdecken und heilen. Einen Tag nach dem Seminar schrieb er mir voller Begeisterung: »Manfred, du glaubst es nicht, ich kam heute zur Arbeit, und mein Chef fragte mich zum ersten Mal, seit ich bei ihm arbeite, wie mein Wochenende gewesen sei und ob ich denn wohl schon Urlaub plane. Ich bin fassungslos!« Peters Bestellung wurde ihm offenbar zu seiner vollsten Zufriedenheit erfüllt, weil er selbst die Möglichkeit dazu geschaffen hatte.

9

Annahme ist die große Kunst

Unsere Wünsche sind nicht nur dazu da, befriedigt zu werden, sondern auch dazu, uns die anderen besser verstehen zu lassen. Denn jeder Wunsch, den wir empfinden, verwandelt sich in eine neue Fähigkeit, die Bedürfnisse der anderen zu sehen.

Friedrich Rittelmeyer

Bärbel hat schon in ihren ersten Büchern darauf hingewiesen, dass die größte Kraft zur Verwirklichung von denjenigen Bestellungen ausgeht, die in einem Zustand von Liebe und Dankbarkeit abgesendet werden. Dann ist die Wahrscheinlichkeit am größten, dass mein Wunsch erfüllt wird. Gefühle von Liebe und Dankbarkeit schaffen eine tiefe Verbindung zum Universum. Ich trete dabei in direkte Verbindung zu ihm, wie wir es beispielsweise auch beim Gebet tun. Und genau dann hört es mir am besten zu.

Ich habe darum über Jahre hinweg die Technik des Wünschens immer in solchen Momenten geübt, in denen ich glücklich über mein Leben war, Dankbarkeit empfand und mich mit dem Universum verschmolzen fühlte.

Doch erst beim Schreiben dieses Buches wurde mir deutlich, was es bedeutet, dass meine Verbindung zum

Annahme ist die große Kunst

Universum am engsten und innigsten in solchen kurzen Augenblicken der Liebe ist. Es fiel mir sozusagen wie Schuppen von den Augen. Mein Kontakt zur Schöpfung ist dann am besten, wenn ich liebe? Das meint doch, das Universum ist Liebe! Sobald es mir gelingt, in Liebe zu sein, schwinge ich genau wie das Universum. Ich sende sozusagen auf derselben Welle, ich tune mich ein auf die Frequenz, auf der die Schöpfung immer schon war und ist. Nicht von ungefähr steht die Liebe im Zentrum so vieler Weisheitslehren und auch der christlichen Tradition. »Die Liebe aber ist die größte«, heißt es in der Bibel.

Erfolgreiche Bestellungen haben damit den schönen und ganz fundamentalen Nebeneffekt, dass sie praktisch beweisen, dass die Schöpfung aus Liebe besteht. Nur wenn wir in Liebe sind, öffnen sich ihre Türen. Darüber hinaus zeigt erfolgreiches Bestellen aber auch, dass wir selbst es in der Hand haben, wer wir sind, wer wir sein wollen und ob das Universum uns zuhört.

Nach Bärbels ersten Büchern haben viele Menschen das Bestellen nach Herzenslust ausprobiert. Kein Wunder, dass dabei die Annahme aufkam, das Bestellen müsse immer funktionieren, wenn man es nur richtig anstelle. In gewisser Weise stimmt das ja auch. Nur ist eben die »richtige« innere Haltung des Bestellenden entscheidend und nicht die richtige Technik beim Bestellen. Dabei spielen Vertrauen und Glaube eine zentrale Rolle. Ein Wunsch gelingt umso besser, je mehr ich darauf vertraue, dass er gelingt. Denke ich beim Wünschen hingegen: »Ach was,

Annahme ist die große Kunst

das klappt ja doch nicht«, dann wird der Wunsch nicht Wirklichkeit werden. Das Universum lässt sich nicht austricksen, es merkt ganz genau, ob ich vollkommen hinter meinem Wunsch stehe oder eben nicht.

Beim Bestellen gelten die Spielregeln des Universums, nicht unsere eigenen. Die erste Spielregel lautet: Ich sollte beim Bestellen fest daran glauben, dass es mir gelingt. Was aber heißt das? Mein Wunsch sollte wirklich in meinem Herzen sein, ich sollte ein tiefes Vertrauen der Schöpfung gegenüber haben, und meine Haltung dem Universum gegenüber sollte von Liebe und Demut geprägt sein. Es ist eine Grundhaltung, wie wir sie beispielsweise auch beim Beten einnehmen würden.

Wenn wir eine solche innere Haltung einnehmen, erfüllen wir auch schon die zweite Spielregel des Bestellens, die lautet: Ich muss das, worauf ich vertraue, niemand anderem aufzwingen.

In der Vergangenheit ist um das »richtige« Bestellen eine Art »Glaubenskonflikt« entstanden, bei dem sich die Anhänger der unterschiedlichen Lager mit fast schon religiösem Eifer darum bemühten, die jeweils anderen »zum Besseren« zu bekehren. Doch wenn ich andere zu missionieren versuche, dann will ich nur, dass die anderen genauso glauben wie ich. Mit anderen Worten: Es ist mir nicht genug, selbst daran zu glauben. Im Grunde zeigt der Wunsch zu missionieren einen Mangel an innerem Vertrauen an. Wer will, dass der andere glaubt, der tut es selbst nicht.

Den anderen, selbst den Gegner, so anzunehmen, wie

Annahme ist die große Kunst

er ist, ist ein Ausdruck von Demut und führt mich selbst immer mehr in die Liebe. Akzeptanz des anderen und Selbstannahme sind darum die dritte Spielregel des erfolgreichen Bestellens. Das Bestellen wird dabei für mich zu einem Weg, in meinem Leben immer glücklicher zu werden. Denn mir ist erlaubt zu wünschen, was ich möchte. Ich darf so sein, wie ich bin.

Was kann ich tun, um mich selbst mehr zu lieben? Das Wichtigste dabei ist sicherlich, mehr meinem Gefühl zu vertrauen und ihm zu folgen. Das geht ganz einfach. Ich muss mich nur hin und wieder fragen: »Wie geht es mir? Was brauche ich?«, und dann dementsprechend handeln. Wenn ich Hunger habe, esse ich. Wenn ich müde bin, ruhe ich mich aus. Wenn ich Hilfe brauche, frage ich danach. Wenn mir etwas auf der Seele liegt, spreche ich es an.

Die Frage »Wie geht es mir?« verbindet mich ganz mit mir selbst und führt ganz rasch dazu, dass ich mich selbst besser kennenlerne. Oft hasten wir nur so durch unser Leben, bekommen Stress und sind überfordert. Vielfach verlangen wir einfach zu viel von uns und entfernen uns dadurch immer weiter von uns selbst. »Wie geht es dir?«, fragen wir einen Freund als Erstes, wenn wir ihn wiedersehen. Warum fragen wir uns selbst nicht öfter danach? Diese schlichte Frage ist ein wichtiger Ausdruck unserer steigenden Selbstliebe – ein Thema, das so umfassend ist, dass ich hier gerne auf Bärbels und mein Buch *Das Wunder der Selbstliebe* verweisen möchte, sowie auf den gleichnamigen Tischaufsteller mit Übungen für ein Jahr.

Annahme ist die große Kunst

Wie bereits erwähnt führt die Fähigkeit, ins Herz und in die Liebe zu gehen, schließlich auch dazu, meine Verbindung zum Universum, zur Schöpfung oder auch zu Gott zu festigen und immer inniger zu gestalten. Die vierte und sicher anspruchsvollste Spielregel des Bestellens lautet darum: Ich nehme das Leben so an, wie es ist. Zugegeben, das ist nicht so einfach (und natürlich hat es weiterhin sehr viel mit Demut zu tun). Gelingt es uns aber, so entsteht eine Wechselwirkung, die sich nur als magisch beschreiben lässt. Wenn ich im Zustand der vollkommenen Akzeptanz bin; wenn ich darauf vertraue, dass alles gut ist, wie es ist, öffnen sich die Augen meines Herzens, und ich nehme die Liebe wahr, die das Universum mir entgegenbringt. Wenn ich diese Liebe annehme, erfülle ich die fünfte und letzte Spielregel des Bestellens.

Wenn ich andere Menschen anzunehmen lerne, ist dies der erste Schritt hin zur Liebe. Darauf folgt bald die Annahme meiner selbst. So, wie ich bin, mit allen Fehlern und Unzulänglichkeiten. Dann, wenn meine Selbstliebe kultiviert wird und gedeiht, kann ich die Welt, die mich umgibt, annehmen. Und schließlich gelingt es mir vielleicht sogar, die Liebe des Universums zu entdecken und mich geliebt auch von ihm zu fühlen. Das Universum, es liebt mich, und es nimmt mich an, wie ich bin. Sowohl als Besteller wie auch als Nicht-Besteller. Es lässt mir meine freie Wahl.

Bestellen wird damit zu sehr viel mehr als einer Art »Technik«. Es entwächst gewissermaßen seinen Kinderschuhen. Nun gilt es, seine übergeordnete Bedeutung zu

Annahme ist die große Kunst

entdecken. Wenn Bestellen in Liebe und Annahme am besten gelingt, dann wird es zum Weg, den Kontakt zum Universum, zur Schöpfung oder auch zu Gott zu verbessern und zu stärken:

> Das Wünschen aus einer vertrauenden inneren Haltung heraus vertieft meinen Kontakt zum Universum, zur Schöpfung oder auch zu Gott.

Wenn ich in Liebe, Annahme und Vertrauen bin, gehe ich in Resonanz zum Universum. Echte Herzenswünsche werden genau darum am häufigsten erfüllt. Wenn ich selbst ganz in Liebe bin und darum auch das Gefühl von Liebe ausstrahle, dann sende ich auf der Frequenz des Himmels, dann hört mich das Universum. Es ist im Grunde so, wie ich es noch als Kind im Religionsunterricht lernen durfte: Wenn ich im Herzen bin, dann hört das Christuskind mir zu. Heute denke ich, mein Herz zeigt mir meine tiefste Sehnsucht, und vielleicht war es ja der Himmel selbst, der mich zu diesem Wunsch animiert hat. Was ich im Herzen spüre, steht in tiefster Verbindung zu mir selbst. Hier hört mir der Himmel zu, und hier kann ich auch selbst zur Schöpfung in Kontakt treten.

Wenn ich daran zweifle, bin ich nicht in Liebe, Vertrauen und Demut. Das Gleiche gilt, wenn ich mit meinem Schicksal hadere. In diesem Moment kann ich die Liebe, die mich umgibt, in meinen Mitmenschen, in meiner Umwelt nicht sehen.

Annahme ist die große Kunst

Was aber sehe ich stattdessen? Vielleicht Gewalt, Ungerechtigkeit oder Willkür? Auch das zeugt davon, dass ich die Verbindung zur Liebe verloren habe. Nur die Liebe kann die Liebe sehen. Denn Liebe ist das Fenster zum Universum, zu Gott. Falle ich aus der Liebe, dann schließt sich dieses Fenster. Darum sagt Angelus Silesius so treffend: »Gott ist ja nichts als gut: Verdammnis, Tod und Pein und was man böse nennt, muss, Mensch, in dir nur sein.« Auch der Schatten, den ich gern Gott und der Schöpfung zuweisen möchte, ist nur ein Schatten in mir.

Zusammengefasst sollen hier noch einmal alle fünf grundlegenden »Bestell-Regeln« genannt werden:

1. Ich glaube beim Bestellen fest daran, dass es mir gelingt.
2. Ich muss das, worauf ich vertraue, niemand anderem aufzwingen. Jeder darf bestellen und wünschen, wie es ihm entspricht.
3. Ich akzeptiere mich selbst und andere, wie ich bin bzw. wie sie sind.
4. Ich nehme das Leben an, wie es ist.
5. Ich nehme die Liebe an, die das Universum mir entgegenbringt. Ich bin ein geliebtes Kind des Universums.

Annahme ist die große Kunst

∽ *Übung 9: Was ist »mein Thema«?* ∽

Mit Hilfe der fünf Bestellregeln kannst du dich im Annehmen üben. Am einfachsten geht das, indem du dir eine der Regeln aussuchst und sie einen Tag lang so gut und intensiv wie möglich beherzigst. Mit der Zeit wirst du herausfinden, bei welcher Regel dir das am schwersten fällt. Mit dieser Regel solltest du dann am meisten üben, da sie offenbar dein Thema ist.

Erinnere dich jeden Morgen beim Aufstehen daran, welche Regel du heute näher betrachten möchtest. Am Abend lässt du dann den Tag Revue passieren und trägst in dein Wunschtagebuch deine Erlebnisse und Erfahrungen ein. Vergiss nicht, dich immer wieder zu loben, wenn dir das Annehmen gelungen ist.

Im Folgenden möchte ich dir noch einige Fragen und Anregungen an die Hand geben, mit denen du dir selbst auf die Spur kommen kannst. Was sind deine wichtigsten Themen?

Regel 1: Wo zweifelst du gern selbst? Wann hast du am heutigen Tag den Glauben verloren? An dich, an andere Menschen oder an das Funktionieren von Bestellungen? Registriere es und nimm auch deinen Zweifel an. Sage dir: Es ist menschlich, wenn du manchmal zweifelst. Das ist normal.

Regel 2: Wo glaubt ein anderer Mensch anders, als du es tust? Übe dich darin, diesen Glauben stehenzulassen, und kämpfe nicht dagegen an. Sage innerlich zu diesem Menschen: »Ich akzeptiere, wenn du so glaubst. Ich nehme dich auch mit dieser anderen Meinung an, wie du bist.«

Regel 3: Wo haderst du heute mit dir? Wenn du unzufrieden mit

Annahme ist die große Kunst

dir selbst bist, zum Beispiel, wenn du diese Übung immer wieder vergisst, statt sie zu machen, dann nimm dich auch hier an, wie du bist: Es ist in Ordnung, diese Übung zu vergessen. Es ist okay, wenn ich diese Übung heute nicht häufig anwenden konnte. Ich liebe mich so, wie ich bin.

Regel 4: Wo bist du in Opposition zu deiner Umwelt? Achte heute darauf, wo auch immer du dich gegen deine Umwelt auflehnst. Klagst du über das Wetter, die Steuererklärung oder deine Firma? Nervt dich die rote Ampel? Sage dir dann: Das Wetter ist gut, wie es ist, auch die Steuer und auch meine Firma. Ich nehme sie so an, wie sie sind.

Regel 5: Wo fühlst du dich besonders geliebt? Deute das Lächeln eines anderen Menschen als Lächeln des Universums. Sieh die Sonne scheinen und erkenne in der Wärme ihrer Strahlen einen Ausdruck ihrer Liebe. Betrachte die Blumen auf der Wiese oder im Schaufenster als Ausdruck der Schönheit dieser Welt. Sammle Glücksmomente und fühle dich dabei immer auch ein wenig geliebt von deinem Universum.

Vielleicht hast du auch Freude daran, nach einer Zeit des Übens mit den fünf Regeln auch noch eine sechste zu praktizieren, die sich um das schlichte und demütige Wort »Danke« dreht. Schiebe immer wieder einen Tag ein, an dem du nur »Danke« sagst – sowohl bei guten Erlebnissen wie auch bei denen, die du als negativ empfindest. Übe dich in Dankbarkeit und tue dies in einem Bewusstsein von »Ich sage ganz Ja zu diesem Leben«. Sprich »Danke« aus wie ein Gebet, das du aus tiefstem Herzen gegenüber der Schöpfung sprichst.

Annahme ist die große Kunst

Mein liebster erfüllter Wunsch Nr. 8: **Klaus hatte in der Zeitung endlich die Anzeige für seinen Traumjob gefunden. Sofort setzte er sich in sein Auto und fuhr schnurstracks zu der betreffenden Firma, um sich vorzustellen. Doch die Rezeptionistin meinte, die Stelle sei schon vergeben. Klaus wurde abgewiesen. Dennoch hörte er nicht auf, darauf zu vertrauen, dass er die Stelle bekommen würde, und wünschte sie sich noch einmal. Am nächsten Tag ging er erneut zu der betreffenden Firma und fragte noch einmal freundlich nach. Tatsächlich war ein Irrtum geschehen, die Position war noch frei, und Klaus erhielt den bestellten Job.**

10

Die Kraft der Liebe

*Vergnügen ist ein Lied der Freiheit,
aber es ist keine Freiheit.
Es ist die Blüte eurer Wünsche,
aber es ist nicht ihre Frucht.*

Khalil Gibran

Ich habe in den letzten Kapiteln viel darüber gesprochen, dass Liebe so etwas wie der Motor des Wünschens ist, der meine Bestellung mit Energie versorgt. Mein Draht zum Universum »steht« sogar dann, wenn ich mir aktuell gar nichts wünsche. Wenn ich Akzeptanz und Dankbarkeit in mir gedeihen lassen, dann erlebt das Universum diese Gefühle sozusagen mit und versteht sie als unausgesprochenen Wunsch: »Ah ja, lieber Manfred, ich sehe, du bist innerlich gerade voller Glück und Freude.« Das ist es, was ich ausstrahle. Damit habe ich mich auf die Schwingung des Universums begeben, und gewissermaßen als Belohnung bekomme ich noch mehr davon. Glück zieht noch mehr Glück an.

Wenn ich jedoch nicht in der Liebe bin – und das bin ich zugegebenermaßen doch die meiste Zeit meines Lebens –, dann kann das Universum mich nicht wahrnehmen. Es ist,

Die Kraft der Liebe

als würde ich mit meinem Auto in einen Tunnel hineinfahren, und mein Radio hätte keinen Empfang mehr. Das Universum verliert den Kontakt zu mir, ich werde quasi unsichtbar für den Himmel und damit auch für die Lieferungen, die er mir senden könnte. Er würde mich ja gern beschenken, aber durch meine Entscheidung, aus der Liebe zu gehen, habe ich mir selbst eine Tarnkappe übergestülpt.

Lange Zeit dachte ich, jedes Gefühl, das ich ausstrahle, wird vom Universum gesehen und interpretiert. Wenn ich Glück empfinde, sieht es das Universum und schenkt mir noch mehr. Wenn ich das Gegenteil verspüre, dann schickt mir der Himmel noch mehr Umstände, die mich unglücklich machen. Inzwischen denke ich darüber ein wenig anders. Ich vergleiche es nun eher mit Licht und Schatten: Wenn ich mich in die Sonne stelle, dann spüre ich ihre Strahlen, und es wird mir wohlig warm. Stehe ich aber im Schatten, dann wird mir kalt. Ob ich Wärme oder Kälte empfinde, liegt sozusagen an meinem Standpunkt. Es hat nur damit zu tun, wie ich mich zum Licht stelle.

Damit die Sonne mir Licht senden kann, muss ich mich in ihr Licht begeben. Hinter einer Mauer sendet mir die Sonne aber keineswegs Schatten – das kann sie gar nicht. Die Sonne kann immer nur Licht zu mir senden. Sie meint es niemals böse. Ich selbst habe dann den Schatten gewählt, durch meine innere Einstellung.

Genauso verhält es sich auch mit der Liebe. Sie ist sinnbildlich das Licht des Universums, der Schöpfung oder auch Gottes. Ich kann mich in ihr Licht stellen, indem

Die Kraft der Liebe

ich selbst innerlich Liebe kultiviere. Oder ich kann in den Schatten gehen, indem ich dies unterlasse. Wichtig ist mir bei diesem Bild: Es liegt allein an mir, ob ich ins Licht gehen möchte und Liebe in mir entwickle. Es hat damit zu tun, wie ich die Welt sehe.

Ich gebe zu: Es ist gar nicht so einfach, die Liebe zu entdecken und in die Sonne hinauszutreten. Im letzten Kapitel habe ich ja die fünf Bestellregeln genannt, die mit der Fähigkeit zum Vertrauen und zum Annehmen zusammenhängen. Mein »Normalzustand« ist natürlich noch keineswegs voller Annahme, Vertrauen und Liebe. Stattdessen ist es eher so:

1. Ich habe eigene Regeln und Glaubenssätze, die ich von anderen übernommen habe. Ich muss erst lernen, was ich selbst glauben will.
2. Ich habe große Ressentiments gegen andere Menschen. Viele Eigenschaften anderer lehne ich ab. Ich muss lernen, andere anzunehmen.
3. Genauso hadere ich oft mit mir selbst, bin mir oft selbst nicht gut genug. Im Grunde, in der Tiefe meines Herzens, liebe ich mich selbst nicht. Ich muss erst noch lernen, mich zu lieben.
4. Ich sehe mich umgeben von Kampf und Missgunst. In meiner Welt herrscht Unfrieden. Ich muss erst lernen, die Liebe in der Welt zu erkennen.
5. Schließlich denke ich, das Universum ist gegen mich, angesichts all dessen, was es mich an Unglück und

Die Kraft der Liebe

Schmerz erleben lässt. Ich muss erst lernen, mich als geliebtes Kind des Universums zu sehen und zu fühlen.

Oft gelingen Bestellungen einfach nicht, da ich selbst nicht im Zustand von Liebe und Annahme bin. Wenn ich ablehne und gegen etwas kämpfe, trete ich aus dem Licht der Liebe und habe keine Energie in meinem Wunsch. Dass mein Wunsch dann unerfüllt bleibt, hat nichts mit Willkür oder Gemeinheit des Universums zu tun, sondern vielmehr mit meinem eigenen inneren Zustand. Weil das Universum Liebe ist, möchte es mich verführen, immer mehr auch Liebe zu sein. Es erfüllt meine Wünsche immer besser, je häufiger ich in Liebe bin. Die erfüllten Bestellungen sind so etwas wie das »Zückerchen« für mein Ego.

Meine Ablehnungen sind wie ein Käfig, der mich von der Sonne abschirmt. Ich sperre mich selbst in diesen Käfig ein und kappe dabei meine Verbindung zum Universum. Ich schneide mich selbst von der Schöpfung ab. Aber ich kann auch aus diesem Käfig heraustreten, wenn ich lerne anzunehmen. Wiederum gilt: Es ist nicht das Universum, das mich in diesen Käfig sperrt. Dafür bin ich schon selbst verantwortlich.

Weil Liebe das Wesen des Universums ist, kann eine Bestellung nicht im Sinne der Schöpfung sein, wenn sie gegen jemanden anderen gerichtet ist. Dann schwingt sie in Ablehnung. Das Universum mag Wünsche, die eine Absicht zum Wohle aller Beteiligten beinhalten. Im Laufe der Jahre ist mir aber eine Vielzahl von Bestellungen begegnet, die gerade dies nicht beabsichtigten. So gab es beispielsweise zwei Frauen, die in denselben Mann verliebt waren. Eine war die Ehefrau, die andere seine Geliebte. Beide wünschten sich, dass der Mann sich von der anderen trennt. Was würdest du als Universum in dieser Situation tun? Beide Frauen sind einander spinnefeind. Welche Frau soll den Sieg davontragen? Das Universum hat eine weise salomonische Lösung vorgesehen: Der Mann wurde beider Frauen überdrüssig und trennte sich von beiden.

Auch Bestellungen, die aus einer Wut heraus geäußert werden, kann das Universum nicht hören. Bin ich wütend auf meinen Kollegen, könnte es geschehen, dass ich ihm wünsche: »Hoffentlich kriegt er bald wieder seine Depression zurück.« Würde ich das wirklich noch wollen, wenn ich wieder einen klaren Kopf habe? Manchmal ist es ein Glück, dass das Universum solche Ausfallerscheinungen meines Verstandes geflissentlich übersieht.

Wo ich andere benachteiligen will oder ihnen Schlechtes wünsche, kann dies keine Unterstützung des Universums finden. Vielmehr spielt das Universum mir solche Wünsche oft umgehend zurück. Ein echtes Gespräch mit der Schöpfung wird nicht darauf abzielen, eines ihrer Geschöpfe zu schädigen.

Wenn du dir nicht sicher bist, ob du wirklich mit guten Absichten wünschst, kannst du dich fragen: »Würde ich dies auch meinem besten Freund wünschen wollen?« Oder du denkst an die Goldene Regel, wie sie in dem Sprichwort »Was du nicht willst, das man dir tu, das füg

Die Kraft der Liebe

auch keinem anderen zu!« gefasst ist. Wie würdest du dich fühlen, wenn du mitbekämst, wie jemand dir etwas Zweifelhaftes »anwünscht«? Du kannst dich auch fragen: Ließe mein Wunsch sich auch in die Form eines Gebets fassen?

Eine Tante von mir hegte über viele Jahre einen Groll gegen ihren Exmann. Sie hatten sich getrennt, und er hatte bald danach eine neue Frau gefunden. Sie selbst haderte noch lange mit der Scheidung und konnte das, was geschehen war, innerlich auch nach vielen Jahren nicht loslassen. Innerlich war sie dauerhaft in Ablehnung, und ich frage mich, ob es damit zusammenhing, dass sie schließlich schwer erkrankte. Meine Lehre, die ich daraus gezogen habe, hat mit den Zeitebenen zu tun, in denen ich lebe. Zwar bin ich körperlich im Heute angesiedelt, kann aber mit meinem Geist auch in die Vergangenheit oder Zukunft reisen. Meine Tante beschäftigte sich ständig mit der unglücklichen Vergangenheit. All ihre Energie floss in vergangene Geschehnisse, die sie nicht mehr ändern konnte. So blieb keine Kraft mehr, die sie für die Gegenwart gebraucht hätte – ganz zu schweigen von der Gestaltung einer neuen, angenehmeren Zukunft entsprechend ihren Zielen und Wünschen. Es ist darum sehr wichtig, die Vergangenheit anzunehmen und nach Möglichkeit zu vergeben, was auch immer geschehen ist. Sonst bleibt keine Kraft für das Heute. Die Liebe hilft uns gleichermaßen beim Vergeben wie beim Gestalten unserer Gegenwart. Sie ist das, was uns am Leben erhält.

Die Liebe ist so etwas wie der Akku unseres Daseins.

Die Kraft der Liebe

Wenn wir lieben, laden wir diesen Akku auf. Wenn wir nicht lieben und stattdessen ablehnen, dann entladen wir unseren Akku. Dann fehlt uns die Kraft. Ohne Kraft fällt aber jede Arbeit schwer, jede Bewegung kostet Mühe. Bin ich in Liebe, fühle ich mich belebt, lebendig, voller Energie. Alles fließt einfach und leicht, die Dinge machen mir Freude. Wenn ich in Liebe bin, dann bin ich auch glücklich. Und alles ist gut, wie es ist. Nichts müsste anders sein.

Zu lieben bedeutet, ganz Ja zu sagen zu meinem Leben. Erinnere dich einmal an Momente, in denen du ganz verliebt warst, vielleicht bei deinem ersten Date oder bei deiner Hochzeit. Alles war bunt und strahlend. Da war keine Zeit, an Probleme oder Streit zu denken. Dein ganzes Leben war voller Licht und Sonnenschein.

Das meine ich, wenn ich sage, die Liebe wirkt schon durch sich selbst, auch ohne bewusste Bestellung. Wenn ich mein Leben liebe, dann geschieht dabei etwas. Ich nehme es an, und allein schon durch diese Bekräftigung meines Daseins wird es sich zum Guten wenden. Gebe ich meinem Leben Liebe, dann schenke ich ihm das Beste, und aus diesem Besten wird sich noch mehr Gutes ergeben. Wenn alles gut ist, heute und jetzt, wird dies dazu führen, dass auch morgen alles gut sein wird.

Für mich ist dies eine der wesentlichsten Eigenschaften von Bestellungen. Es ist ein Irrtum, wenn ich denke, nur wenn ich bewusst etwas wünsche, dann geschieht auch etwas. Vielmehr ist mein innerer Zustand immer in Kontakt zum Universum.

Die Kraft der Liebe

Ich kann nicht nicht bestellen. Ich bestelle unablässig. In jedem Moment.

Ich bestelle eigentlich immer. Ich nehme mich immer selbst mit. Das bedeutet, ich strahle in jedem Moment etwas Bestimmtes aus. Meine spezifische Schwingung geht in Resonanz und zieht die Dinge in mein Leben, die ihrer Art entsprechen. »Ich denke, also bin ich«, sagte Descartes. Ich möchte hinzufügen: »Ich bin, also bestelle, wünsche, bete ich.«

Meine Verbindung zum Universum besteht immer. Nur ist sie sehr viel stärker, wenn ich annehmen kann und in die Liebe finde. Dann bin ich Teil des Liebesstroms der Schöpfung. Wenn ich es schaffe, über die Regeln des Bestellens zu allem Ja zu sagen, dann sage ich schließlich auch Ja zur Schöpfung. Und ich stelle mich gänzlich in ihr Licht.

Darum ist es letztlich folgerichtig, in eine Haltung des vertrauenden Annehmens, in die Liebe zu finden. Denn hier geschieht das Beste aus sich heraus. Liebe zieht noch mehr Liebe an. Das Beste führt zum Besten. Alles ist gut – und darum wird auch alles gut.

An dieser Stelle möchte ich an den schönen Ausspruch von Bärbel erinnern: »Die größte Fähigkeit zur Veränderung resultiert aus der völligen Akzeptanz des Ist-Zustandes.« Das klingt zunächst paradox: Wenn ich doch alles akzeptiere, dann will ich es gar nicht mehr verändern, denn es ist ja alles schon gut. Und so ist es wirklich. Ich bestelle dann nicht mehr über bewusste Wünsche, sondern fortwährend durch meine Akzeptanz des Ist-Zustandes, die immer noch mehr Dinge in mein Leben zieht, die es noch schöner machen. Das Gefühl von Annahme und Liebe, das ich dann verströme, zieht immer noch mehr schöne Dinge zu mir hin.

∾ *Übung 10: In die Liebe gehen* ∾

Es ist gar nicht so schwer, dich mit deiner Liebe zu verbinden. Am einfachsten geht es, wenn du immer wieder zu deinem Herzen hinspürst. Dazu lege beide Hände auf die Mitte der Brust, schließe deine Augen und spüre, was geschieht. Am Anfang wirst du dir deines Atems bewusst werden und dich langsam entspannen. Denke dabei: »Ich atme ein, und ich atme aus.« Bleibe einige Minuten lang in dieser Position. Wenn deine Entspannung tiefer wird, merkst du dies daran, dass du immer weniger denkst. Stattdessen spürst du immer stärker eine Wärme, die zwischen deinen Händen und deinem Brustkorb entsteht. Lass diese Wärme stärker werden und deute sie als Zeichen der Liebe in deinem Herzen. Lass diese Wärme immer weiter fließen, lass sie sich in deinem Brustkorb ausbreiten, den Rücken entlangströmen, bis sie auch die Arme und Beine erreicht. Lass diese Wärme auch in deine Hände, deine Füße und in deinen Kopf fließen. Irgendwann, nach vielleicht zehn Minuten, wenn dein ganzer Körper sich wohlig warm anfühlt, beende diese Übung und spüre in dich hinein. Wie geht es dir jetzt?

Die Kraft der Liebe

Mein liebster erfüllter Wunsch Nr. 9: **Stefan** ging zum Feierabend aus seinem Büro und merkte erst dann, dass er vergessen hatte, für seine Frau ein Geschenk zum Hochzeitstag zu besorgen. Stefan wusste zwar genau, was er besorgen wollte und in welchem Geschäft es vorrätig war. Im Berufsverkehr würde er aber so lang brauchen, um dorthin zu kommen, dass der Laden wahrscheinlich bereits geschlossen sein würde. Er fuhr dennoch los und wünschte sich, das Geschenk trotzdem noch an diesem Tag zu erhalten. Die Straßen waren voll, Stefan kam erst eine Stunde nach Ladenschluss an. Alles war schon dunkel, aber Stefan stieg im Vertrauen auf seinen Wunsch trotzdem aus und griff nach der Türklinke. Die Tür war offen! Stefan rief in den Laden hinein, ob noch jemand da sei. Und tatsächlich: Der Ladenbesitzer hatte vergessen abzuschließen und werkelte noch im Lager herum. Stefan bekam also noch sein Hochzeitsgeschenk.

11

Liebevolle Annahme: Magst du das, was du geliefert bekommst?

*Wenn du dir eine Perle wünschest,
such sie nicht in einer Wasserlache.
Denn wer Perlen finden will,
muss bis zum Grund des Meeres tauchen.*

Dschalal ad-Din ar-Rumi

Wenn ich in meinem Leben gegen etwas ankämpfe, verhindert dies, dass ich das Leben annehmen kann. Wenn es mir gelingt, in meinem Leben immer mehr anzunehmen, wird die Erfüllung sehr vieler Wünsche überhaupt erst möglich.

Als ich beispielsweise Bärbel bestellte, war es gleich ein ganzes Gesamtpaket, das geliefert wurde. Ich hatte ja die Frau bestellt, die am besten zu mir passt. Mein Gefühl war sich sicher: Bärbel ist die Richtige. Also sagte bald auch mein Verstand: Es ist in Ordnung, ich vertraue diesmal meinem Gefühl. Darum war es noch recht einfach anzunehmen, dass Bärbel eben nicht blond und blauäugig war. Das fiel mir gar nicht so schwer. Ich hatte meinen Wunsch aber so offen gestaltet, dass dem Universum auch freigestellt geblieben war, wo Bärbel lebte. Als sich herausstellte, dass sie 600 Kilometer von mir entfernt wohnte, in Mün-

Liebevolle Annahme: Magst du das, was du geliefert bekommst?

chen, musste ich schon schlucken. Bald war mir klar: Um diese Lieferung anzunehmen, war ein Umzug nötig. Ich musste für die Annahme der Lieferung bereit sein, alles Bisherige aufzugeben. Meine Wohnung, meinen Freundeskreis, meine Arbeitsstelle, meine Familie. Und das war für mich doch eine riesengroße Herausforderung.

Oft braucht es eine gehörige Portion Überwindung, wenn eine große Bestellung angenommen werden will. Möchte ich beispielsweise mehr Erfolg im Leben, wird es meist notwendig sein, eine neue Stelle anzutreten, die mehr Verantwortung mit sich bringt. Bin ich dazu wirklich bereit? Möchte ich einen neuen tollen Partner, muss ich bereit sein, das Risiko einer neuen Beziehung einzugehen. Diese Bindung könnte trotz aller Liebe schiefgehen, und dann würde ich verletzt. Die Angst davor gilt es zu überwinden.

Bestellungen werden häufig nicht angenommen, weil der Mut dazu fehlt. Das Entgegennehmen des Pakets, das da geliefert werden möchte, gelingt nicht. Es erhält dann den Aufdruck »Annahme verweigert« und geht zurück. Das hat aber nichts mit dem Wunsch an sich zu tun. Er würde sich gern erfüllen. Die Rücksendung hat vielmehr mit mir zu tun. Ich selbst bin noch nicht bereit, den wichtigen nächsten Schritt zu tun.

Warum fällt es mir oft so schwer, die Erfüllung eines sehnlichst erbetenen Wunsches anzunehmen? Das liegt daran, dass es einen Teil in mir gibt, der nichts ändern möchte. Dieser Teil möchte, dass alles so bleibt, wie es ist. Und zwar

Liebevolle Annahme: Magst du das, was du geliefert bekommst?

genau so. Der möchte auf dem Sofa sitzen, und die Welt soll ihn nach seinem Geschmack bedienen. Es ist genau dieser Teil in uns, der das Bestellen nur allzu gern missversteht. Es ist unser »Ich«, landläufig bekannt auch als »Ego«.

Ganz heimlich, still und leise ist es unser Ego, das das Regiment über unser Leben führt. Es ist unser Ego, das so häufig ablehnt, abwertet und andere schlecht macht. Es strebt nach Selbsterhöhung und danach, selbst makellos dazustehen.

Unserem Ego mangelt es an Dankbarkeit. Wofür sollte es schließlich auch dankbar sein, wenn es doch so viele Gründe findet, warum sein Leben mies und schlecht ist? Es sagt in einem fort: »Dies ist nicht in Ordnung. Jenes ist schlecht. Dieses und jenes müsste doch viel besser sein.« Dabei kann es sich um die Arbeitsstelle handeln, die mir unzureichend erscheint. Es kann auch mein Chef sein, der launisch und ungerecht ist. Mein Nachbar, der mich nicht grüßt. Oder die Kollegen, die mich nerven und die gegen mich sind. Die Liste der Dinge in meinem Leben, die ich verurteile und für die ich undankbar bin, kann sehr lang sein. Wie sieht deine diesbezügliche Liste aus?

Wenn also die Umstände meines Lebens sowieso schon derartig unzureichend sind, warum sollte ich dann auch noch umziehen für einen neuen Job? Ich hab es doch offenbar schon schwer genug. Nein, nein, dazu bin ich nicht bereit. Ich betrachte eine erfüllte Bestellung insgeheim doch nur als gerechtes Trostpflaster für mein ach so schweres Leben. Wenn das Universum schon so schlimm und

Liebevolle Annahme: Magst du das, was du geliefert bekommst?

ungerecht mir gegenüber ist, dann darf es mir gern auch mal ein Leckerli zukommen lassen. Das darf dann gern auch öfter geschehen, und je öfter es geschieht, desto mehr will ich. Dem Ego ist es nie genug. Das Ego denkt, es habe ein Anrecht auf die Erfüllung all seiner Wünsche. Und dankbar muss das Ego dann auch nicht sein. Nach seiner Rechnung ist ein erfüllter Wunsch doch nur eine Wiedergutmachung des Universums an ihm.

Denn – und das ist ein weiterer Trick unseres Egos – es überhöht sich nicht nur, indem es sagt: »Ich bin toll, alle anderen sind schlecht.« Nein, es ist noch geschickter – es sagt nämlich auch: »Keinem Schwein auf der ganzen Welt geht es so schlecht wie mir.« Es überhöht sich auch im Negativen. Und gewissermaßen als Super-Trick verbindet es beide Aussagen noch miteinander, so dass aus beiden eine endlose Schleife wird, die sich immer mehr bestätigt, je länger sie besteht. Denn das Ego weiß ganz genau, was geschieht, wenn es anderes abwertet. Im Grunde wertet es sich dann selbst ab. Dort, wo ich Menschen oder Umstände schlechtmache, lehne ich mich selbst unbewusst genauso ab. Da, wo ich sage: »Der ist nicht gut!«, klingt in meinem Unterbewusstsein der Satz »Ich bin nicht gut!«. Denn tief in mir drin, ich könnte sagen: in meinem Herzen oder meiner Seele, weiß ich haargenau, dass diese Ablehnung mir nicht guttut. Das, was ich da ausstrahle, kommt umgehend zu mir zurück. Jede Ablehnung des Außen ist nur eine Projektion von Ablehnungen, die ich gegen mich selber hege.

Und schwupp, habe ich wieder einen neuen Grund, mich

Liebevolle Annahme: Magst du das, was du geliefert bekommst?

als armes Schwein zu betrachten. Dass ich selbst durch meine Projektion mir dieses Gefühl gegeben habe, vergisst das Ego ganz schnell wieder. Nur so kann die Schleife des ablehnenden Denkens in Gang gehalten werden.

Die verborgene Selbstablehnung liefert mir Gründe, warum ich meine bestellte Lieferung nicht annehmen kann. Wenn in mir drin die Überzeugung herrscht, dass ich nicht gut bin, dann bin ich es nicht wert, einen Wunsch wirklich erfüllt zu bekommen. Einen kleinen vielleicht noch so gerade, einen größeren aber sicher nicht.

Mein Bewusstsein sagt dann: »Ja, ich möchte eine bessere Stelle!« Aber mein Unterbewusstsein stellt sich dagegen und wettert: »Nein, auf gar keinen Fall. Das schaffst du nicht. Dazu bist du nicht qualifiziert. Du bist einfach nicht gut genug.« Meist gewinnt bei diesem Wettstreit das Unterbewusstsein.

Oft führe ich darum einen innerlichen Kampf mit mir selbst, wenn eine Bestellung bei mir eintrifft und ich sie einfach annehmen könnte. Heute weiß ich, dass ich meine ersehnte Stelle als Umweltberater erst im zweiten Anlauf erhalten habe, weil ich mich beim ersten Vorstellungsgespräch unbewusst selbst torpediert habe. Etwas in mir war der Meinung: Nein, auf keinen Fall kannst du das, und ich verkaufte mich beinahe ferngesteuert so schlecht, dass ich prompt abgelehnt wurde. Erst im zweiten Anlauf, nach einer Weiterbildung und mit noch mehr Kenntnissen, war ich dann auch innerlich bereit für die Stelle. Dann erst fühlte ich mich »gut genug«.

Liebevolle Annahme: Magst du das, was du geliefert bekommst?

Wenn ich in meinem Leben vieles ablehne, dann nehme ich im Grunde das Leben in seiner ganzen Fülle und seinem Reichtum nicht an. Das Leben mit seinen unzähligen Möglichkeiten steht dann auf der einen Seite. Und ich selbst mit meinem Glaubenssatz »Das alles ist schlecht«, was aber letztlich aussagt: »Ich selbst bin schlecht«, stehe auf der Gegenseite. Das Universum ist Fülle, ich selbst dagegen stehe im Mangel. Es ist unmittelbar einsichtig: Da ist keine Resonanz. Wie soll der Mangel diese Fülle verstehen? Wie soll er sie überhaupt sehen?

Ich finde, dies erklärt noch einmal gut, warum Liebe und Annahme Qualitäten sind, die Bestellungen immer besser gelingen lassen. Mit jedem Aspekt meines Lebens, den ich schätze und annehmen lerne, wird mein innerer Mangel gefüllt. Wenn immer mehr »gut« wird in meinem Umfeld, dann werde ich es schließlich auch. Dann fühle ich mich selbst immer besser und vielleicht sogar glücklicher. Das Universum liebt glückliche Menschen, und irgendwann kommt diese Liebe auch bei mir an. Dann erlaube ich mir am Ende sogar, Lieferungen anzunehmen, von denen ich selbst nie zu träumen gewagt hätte.

Ich selbst durfte das schon öfter erleben. Nachdem ich das erste Buch von Bärbel gelesen hatte, stieß ich auf ihr »Lebensfreudeseminar« und wollte gern einmal daran teilnehmen. Dieser Wunsch ging mehr als in Erfüllung. Bald wurden wir sogar ein Paar, und ich nahm künftig an all ihren Seminaren teil. Ich durfte bald darauf ihr Co-Trainer werden, und heute gebe ich selbst solche wunderschönen

Liebevolle Annahme: Magst du das, was du geliefert bekommst?

Seminare. Es erfüllt mich sehr, dies tun zu dürfen. Das Universum ist eben sehr kreativ, und manchmal bekommt man sehr viel mehr von ihm, als man sich je vorstellen konnte.

Als Bärbel und ich in München zusammen wohnten und unsere Kinder auf die Welt kamen, merkten wir bald, wie teuer die Mieten in München sind. Wir hätten gern günstiger gewohnt. Das Haus, in dem wir lebten, gefiel uns andererseits sehr gut, und umziehen wollten wir eigentlich nicht. Die Lösung, die das Universum dann für uns bereithielt, war die überraschende Möglichkeit, das Nachbarhaus zu kaufen. Auf diese Idee wären wir selbst nicht gekommen. Es waren die Nachbarn, die von sich aus auf uns zukamen. Sie sprachen uns an. Ihr Haus war haargenau so geschnitten wie unseres, und um es abzubezahlen, mussten wir monatlich weniger aufbringen, als wir bis dahin an Miete gezahlt hatten. Bärbel und ich mussten nicht lang überlegen, um in den Handel einzuschlagen. Der Umzug war lustig; er erstreckte sich nur über zehn Meter, und wir konnten sogar vieles über den gemeinsamen Balkon tragen. Wieder eine Lieferung, die wir selbst so gar nicht auf dem Radar gehabt hatten.

Solche Erfahrungen fördern das Grundvertrauen darauf, wie einfach und schön das Leben sein kann. Das ist ein wichtiger Nebeneffekt des Bestellens. Sehr viele Leserbriefe, die uns in den letzten Jahren erreichten, sind voll von Dank. Sie zeigen, wie sehr das Wünschen das Leben so vieler Menschen zum Besseren verändern konnte. Das

Liebevolle Annahme: Magst du das, was du geliefert bekommst?

Leben, es kann ein Füllhorn sein. Wir werden beschenkt, wenn wir uns dieser unerschöpflichen Quelle öffnen. Bestellungen können zeigen, wie viel Freude das Leben machen kann. Sie haben vielen geholfen, immer mehr Ja zu sich und ihrem Leben zu sagen und so auch eine innere Haltung der Dankbarkeit zu kultivieren.

Wieder ist hier der Punkt, was wir glauben wollen. Gern erinnere ich noch einmal an die erste Regel beim Bestellen: Wer mitmachen möchte, der sollte schon daran glauben. Ich kann verstehen, dass das angesichts unserer Verstrickung in alltägliche Sorgen und Probleme schwerfällt. Dann ist es erst einmal viel leichter, Dinge zu denken wie etwa: »Das Leben ist schwer. Ich habe einfach kein Glück. Ich werde niemals eine schöne und befriedigende Beziehung führen. Allen anderen geht es besser als mir. Die Arbeit macht mir keinen Spaß.« Und so weiter.

Falls du so denken solltest, möchte ich dir gern Hoffnung machen: Das kann sich ändern. Du hast die freie Wahl. Früher habe ich oftmals selbst so gedacht. Das Leben erschien mir mitunter hoffnungslos. Und heute sehe ich es grundsätzlich anders. Jetzt schreibe ich sogar Bücher über das Wünschen, die hoffentlich vielen Menschen den Mut schenken, es selbst zu versuchen. Der französische Maler und Schriftsteller Francis Picabia hatte recht, wenn er sagte: Der Kopf ist rund, damit das Denken die Richtung ändern kann.

Ich werde niemals behaupten, dass es einfach ist, das Leben mit anderen, zuversichtlicheren Augen anzuschauen.

Liebevolle Annahme: Magst du das, was du geliefert bekommst?

Im Gegenteil: Der gedankliche Richtungswandel ist sogar ausgesprochen schwer. Es ist viel einfacher, anderen die Schuld an der eigenen Misere zu geben. Das kenne ich sehr gut aus eigener Erfahrung. Wenn ich es so mache, muss ich nicht selbst die Verantwortung für mein Leben übernehmen. Lieber gebe ich den Eltern, dem Chef, der Firma, dem Partner oder gleich dem Schicksal die Schuld für meine Situation. Hauptsache, ich muss mich nicht ändern. Hauptsache, die anderen sind schuld.

Es ist meine freie Wahl, wie ich das Leben sehe. Es ist meine Entscheidung, was ich glauben möchte. Diese Wahl kann mir niemand abnehmen.

Wenn ich mich aber für einen Richtungswechsel entscheide, kann ich die Welt mit neuen Augen sehen. Es ist zwar ein Irrtum zu meinen, ich könne mich anders wünschen, als ich nun mal bin. Aber schon indem ich mich so annehme, wie ich bin, verändert sich meine Sicht der Dinge. Und immer mehr Bestellungen werden lieferbar.

Nehme ich mich selbst immer mehr an, verbessere ich auch meine Fähigkeit, Bestellungen anzunehmen.

Manche Bestellungen finden einfach noch nicht zu uns, weil wir nicht bereit sind, die zur Lieferung notwendigen Konsequenzen zu tragen. Hätte ich mir beispielsweise die bequeme schmerzfreie Lösung gewünscht, ich hätte mir eine Partnerin bestellt, die in meiner Heimatstadt lebt, vielleicht sogar gleich um die nächste Ecke. Dann hätte Bär-

Liebevolle Annahme: Magst du das, was du geliefert bekommst?

bel aus München aber nicht geliefert werden können. Ich wäre im Umfang meiner Bestellung so sehr eingegrenzt gewesen, dass das für mich Beste gar nicht hätte stattfinden können. Wenn ich im Rahmen meines Wunsches zu viel Veränderung ausgeschlossen und abgelehnt hätte, wäre die Bärbel-Lieferung ausgeblieben. Manchmal verhindern wir unsere Wunscherfüllung darum allein durch unsere inneren Ablehnungen.

Wenn ich lernen möchte, besser zu bestellen, ist die Kultivierung meiner Fähigkeit zur Annahme der Königsweg. Es ist unmittelbar einsichtig: Wenn ich selbst mich nicht verändern möchte, dann bleibt alles beim Alten. Wenn ich so bleibe, wie ich bin, dann schwinge ich weiter auf derselben Wellenlänge. Dann kann sich mein Außen, meine Umwelt, nicht ändern, denn ich habe sie ja durch meine Resonanz angezogen. Meine Umwelt und meine Mitmenschen, sie schwingen wie ich.

Bevor ich Bärbel kennenlernte, wurde mir dies erschreckend klar. Ich hatte bereits zwei langjährige Beziehungen gehabt, die beide in ähnlichen Strukturen und Problemen verliefen. Weil ich mich nicht geändert hatte, lief meine zweite längerfristige Beziehung genauso ab wie die erste. Die Partnerinnen wechselten, aber da ich derselbe blieb, blieben mir auch meine Lebensthemen und Probleme erhalten. Darum kam es in beiden Fällen zur Trennung.

Als ich dies erkannte, war ab sofort mein oberstes Ziel nicht mehr eine neue Partnerschaft. Nein, nun wollte ich mich innerlich »verbessern«, damit nachfolgend auch eine

Liebevolle Annahme: Magst du das, was du geliefert bekommst?

neue Beziehung »besser« und »glücklicher« verlaufen konnte. Ich arbeitete also an mir, besuchte viele Seminare, um für mich dazuzulernen. Und mit Erfolg, denn nach etwa einem Jahr traf ich dann Bärbel, und damit die erste Frau in meinem Leben, die Kinder und Familie mit mir wollte. Offenbar hatte ich mich tatsächlich verändert. Ich hatte meine Grenzen erweitert, was die Bestellung einer glücklichen Beziehung angeht. Ich hatte gelernt, mich besser zu kennen und anzunehmen, und nun konnte ich mir eine erfüllende Beziehung zugestehen.

Das Gegenteil von Ablehnung ist Liebe und Annahme. Wo Ablehnung staut und blockiert, da bringt Liebe Fluss in mein Leben. Wo Ablehnung verhärtet, da bringt Liebe Weichheit und Mitgefühl. Wo Ablehnung verurteilt, ermöglicht Liebe Vergebung. Ablehnung macht nichts besser, sie ändert gar nichts in meinem Leben. Stattdessen rührt sie nur den geistigen Beton an, aus dem ich dann kaum mehr herausfinde. Nichts ändert sich durch Ablehnung, da ich mich selbst nicht ändere.

Ändere ich mich, ändert sich auch mein Leben.

Wenn ich immer mehr annehmen, für immer mehr in meinem Leben dankbar sein kann, dann wird schließlich alles gut. Liebe kann verwandeln – den anderen Menschen, aber auch mich selbst. Mit den Augen der Liebe sehe ich die Welt plötzlich ganz anders. Je mehr ich Liebe bin, umso mehr erlebe ich sie auch in meinem Außen.

Liebevolle Annahme: Magst du das, was du geliefert bekommst?

Damit wird jede angenommene Lieferung in sich wieder zur Bestellung von etwas Besserem. Je mehr ich die Fähigkeit zur Annahme kultiviere, desto besser kann ich auch Lieferungen annehmen, die ich noch nicht verstehe oder die ich zunächst als schmerzhaft empfinde.

∞ *Übung 11: Der Mut, loszulassen* ∞

Schau dir doch einmal dein Leben von einem völlig neuen Gesichtspunkt aus an: Wo hast du dich an die Rahmenbedingungen deines Daseins so sehr angepasst, dass du sie gar nicht mehr verändern möchtest? Zwar klagst du insgeheim immer wieder mal über deinen Job, aber eigentlich bist du ganz zufrieden mit ihm. Würdest du ihn wirklich wechseln, wenn du die Möglichkeit dazu bekämst? Oder deine Wohnung: Ja sicher, andere Menschen leben größer und schöner, vielleicht mit Blick auf die Berge oder einen See. Aber Hand aufs Herz: Wenn du ein anderes Haus oder eine neue Wohnung angeboten bekämst, wärst du wirklich bereit umzuziehen? Vielleicht wäre der Weg zur Arbeit dann länger. Vielleicht magst du ja das gewohnte Umfeld der alten Wohnung und willst es nicht mehr missen?
Gehe bei dieser Übung einmal alle Gegebenheiten deines Lebens durch und frage dich: »Wie sehr bin ich wirklich bereit dazu, mein Leben zu ändern? Was müsste geschehen, damit ich das tun würde? Was wäre ich bereit loszulassen, damit ich eine bestimmte Bestellung auch wirklich endlich annehmen kann?«

Liebevolle Annahme: Magst du das, was du geliefert bekommst?

Die Schöpfung, das Universum oder auch Gott möchte sich immer wieder neu ausdrücken, in immer neuen Facetten. Veränderung ist der Motor der Schöpfung. Die Liebe will sich auf immer neue Arten erfahren. Darum ist es so wichtig, den Mut für positive Veränderungen aufzubringen. Dem Tapferen hilft das Glück!

Mein liebster erfüllter Wunsch Nr. 10: Rolf, ein lieber Freund von mir, und seine Lebensgefährtin hatten sich entschlossen zu heiraten. Nach mehr als zehn gemeinsamen Jahren fanden sie, dass es an der Zeit war. Ich freute mich sehr über ihren Entschluss, aber da sie nur im engsten Familienkreis feiern wollten, konnte ich nicht an der Feier teilnehmen. Das fand ich etwas schade, und irgendwo in mir drin bestellte ich mir wohl, doch an der Zeremonie teilnehmen zu dürfen. Denn kurz vor der Trauung traf ich Rolfs zukünftige Frau zufällig in einem Einkaufszentrum, das ich sonst nie besuche. Sie erzählte mir, dass sie gern auch spirituell heiraten wollten und nicht nur standesamtlich. Ob ich wohl Lust und Freude daran habe, diese Trauung vorzunehmen? Ich grinste innerlich und sagte natürlich voller Freude zu! Ich war also nicht nur dabei, sondern durfte auch für beide eine wunderschöne Trauung vollziehen.

12

Das eigene Potential entdecken

Unsere Wünsche sind Vorgefühle der Fähigkeiten, die in uns liegen, Vorboten desjenigen, was wir zu leisten imstande sein werden. Wir fühlen eine Sehnsucht nach dem, was wir schon im Stillen besitzen.

Johann Wolfgang von Goethe

Manchmal habe ich den Eindruck, dass jede Bestellung mir dabei hilft, meinen eigenen Weg durchs Leben zu finden. Manche Wünsche werden rasch und unproblematisch erfüllt, alles geschieht leicht und spielerisch. Mühelos nehme ich die Lieferung entgegen. Um erst danach zu erkennen: Ach so, jetzt, wo dieser Wunsch erfüllt wurde, kann ich sehen, wie das ist. Ich gehe nun wieder einen Schritt weiter und kann plötzlich auch erkennen, was ich sonst noch in meinem Leben gern anders haben möchte.

Bärbel hat ja in *Bestellungen beim Universum* von ihrem Wunsch erzählt, in einem Schloss zu leben. Prompt wurde ihr die Möglichkeit dazu eröffnet, und erst dann konnte sie erkennen, dass das Palastleben dann doch nicht so toll war. Zu hohe Decken, zu viel Kälte im Winter, weite Wege im Haus. Bärbel nahm Abstand von ihrem Wunsch und war damit frei für andere Möglichkeiten.

Das eigene Potential entdecken

Bei mir gibt es Lebensbereiche, in denen meine Wünsche sich einfach nicht erfüllen. Ich kann machen, was ich will: Bestimmte Bestellungen gelingen mir einfach nicht. Vielleicht ist es für die betreffende Sache noch nicht an der Zeit. Das Universum hat anscheinend noch etwas dagegen. Inzwischen finde ich das nicht mehr weiter schlimm. Ich kann auch diese Entscheidung des Himmels annehmen und weiter darauf hoffen, dass die Erfüllung dieses Wunsches dann eben in der Zukunft zu mir finden wird. Wenn es mir gelingt, mein Ego immer besser kennenzulernen, dann trete ich in immer bessere Verbindung zum Universum, und meine Sichtweise der Welt gegenüber wird immer bejahender und freundlicher. Mit Hilfe meiner Bestellungen kann ich mir über mich selbst mehr klar werden: darüber, wer ich bin und was ich möchte. Sage ich Ja zum Leben, dann sagt das Universum auch immer mehr Ja zu mir. In diesem Bewusstsein wird mein Leben zu einem immerwährenden Zwiegespräch mit der Schöpfung. Wie bei einem Gebet horche ich immer häufiger in mich hinein und lausche auf mein Herz.

Das diesem Kapitel als Motto vorangestellte Goethe-Zitat hat für mich große Bedeutung. Ein Wunsch kann nur deshalb in mir entstehen, damit er mir zeigt, was in mir steckt. Eine Bestellung ist so etwas wie ein Keim, der langsam wächst und sich zu einer Pflanze entwickelt, die mir selbst noch unbekannt ist. Und diese Pflanze bin ich selbst. Der Keim, der Wunsch kann sich nur zeigen, weil er aus dem Nährboden meines Geistes entsprungen ist. Der

Das eigene Potential entdecken

Keimling kann sich nur in mir entwickeln, wenn die Fähigkeit und die Kraft dazu, auch wirklich die entsprechende Pflanze zu werden, in mir bereits enthalten sind. Damit zeigt ein Wunsch mein verstecktes Potential, er zeigt mir meine Begabungen und Fähigkeiten. Er zeigt mir auch meine Berufung, er gibt mir Hinweise auf den Weg, den ich im besten Fall durch mein Leben gehen sollte.

∾ *Übung 12: Wage, es dir vorzustellen* ∾

Nimm dir dein Wunschtagebuch und notiere alle Dinge, die dir zwar gefallen würden, die du dir aber gleichzeitig ernsthaft niemals vorstellen könntest. Etwa, die Welt zu umsegeln oder den Mount Everest zu besteigen. Schreib frank und frei einfach alle Ideen so herunter, die aus dir heraussprudeln. Auch das Verrückteste ist dabei erlaubt.
Schau dir später deine Aufstellung noch einmal an. Erst durch die völlige Freiheit, wirklich alle spontanen Impulse aufzulisten, kommen auch bestimmte Wünsche ans Tageslicht, die du dir selbst noch gar nicht zugestehst. Denn es sind Wünsche, sei dir gewiss. Allein die Tatsache, dass dir diese Punkte bei der Übung spontan eingefallen sind, zeigen dir: Es sind Keimlinge dessen, was in dir schlummert und gewissermaßen auf den Frühling wartet. Nur zu gern würden diese Wünsche sich voll zeigen und wachsen. Vielleicht findest du unter ihnen ja auch einige, die du doch gern einmal in diesem Leben umsetzen würdest. Du musst ja nicht gleich die Welt umsegeln, aber wie wäre es zum Einstieg

Das eigene Potential entdecken

einfach mal mit einer Segeltour über mehrere Tage? Wenn dir der Everest zu gewaltig erscheint, dann steige doch auf Berge in deiner Nähe. Lass dem inneren Kind in dir die Freiheit, Ideen auszuleben, die deinem Erwachsenen-Ich verrückt erscheinen mögen. Vergiss nicht: Alles, was Freude macht, zieht noch mehr Freude an.

Wenn ich mit Menschen über ihre Berufung spreche, frage ich sie inzwischen immer auch nach den Dingen, die sie sich gar nicht vorstellen können. Manche denken, sie könnten sich nicht gut ausdrücken, andere halten sich für dumm, wieder andere denken von sich, sie seien völlig unkreativ. Ich erzähle dann gern, dass selbst Bärbel noch in der Schulzeit dachte, sie könne überhaupt nicht schreiben, denn dazu gehörten aus ihrer damaligen Sicht gute Kommasetzung und fehlerfreie Rechtschreibung. Erst viel später entdeckte sie ihr literarisches Talent, das viel mehr auf witzigen und authentischen Schilderungen beruhte denn auf Grammatik.

Viele Menschen, mit denen ich spreche, haben eine versteckte Sehnsucht danach, sich auf einer Bühne zu zeigen. Aber spreche ich sie darauf an, diesen Wunsch zu verwirklichen, tritt gleich eine gewaltige Angst zutage. Auf einer Bühne auftreten? Nein, niemals!

Ich möchte noch einmal an das Goethe-Zitat erinnern. Goethe sagt: »Wir fühlen eine Sehnsucht nach dem, was wir schon im Stillen besitzen.« Diese Sehnsucht kann nur entstanden sein, weil in uns das Gewünschte schon da ist,

Das eigene Potential entdecken

nur eben noch nicht aus dem Ei geschlüpft, unsichtbar. Dieser Wunsch enthält ganz tief die Sehnsucht nach uns selbst, nach dem, was wir wirklich werden können, aber noch nicht sind. Es ist das, was wir noch nicht von uns zeigen, weil wir es selbst noch kaum kennen.

Viele Menschen »in den besten Jahren« sind heute auf der Suche nach ihrer Berufung. Sie möchten etwas mit ihrem Leben anstellen, was dieser tiefen Sehnsucht in ihnen Genüge tut. Es ist ihr Herzenswunsch, ein Leben zu führen, das sie zutiefst befriedigt. Nach meiner Erfahrung hat die Bestimmung eines Menschen auch mit seiner ureigensten Angst zu tun. Da, wo wir uns am unfähigsten überhaupt erleben, liegt unser größter Schatz verborgen.

Ich selbst hätte mir nicht im Traum vorstellen können, einmal Vorträge zu halten und Bücher zu schreiben. Heute kann ich sagen, es ist meine Berufung geworden. In meiner Kindheit gelang es mir mühelos, völlig unscheinbar zu sein und fast schon unter einer Art Tarnkappe zu verschwinden. Es war für mich unerträglich, im Mittelpunkt zu stehen, etwa in der Schule nach vorn an die Tafel zu müssen. In Deutsch war ich auch keine große Leuchte. Manchmal kneife ich mich heute noch in den Arm, um überhaupt glauben zu können, dass ich inzwischen Autor bin. In solchen Momenten frage ich mich selbst, wie es dazu kommen konnte. Hatte ich das wirklich bestellt?

Es ist eher so gewesen, wie Goethe es beschreibt: In mir war eine tiefe Sehnsucht. Mein Wunsch war, etwas zu finden, das mir beruflich große Freude bereitet, und ich hatte auf meinem Weg so manches ausprobiert: Umweltschutz, Management, Vertrieb und Unternehmensberatung. Wirklich begeistert war ich aber erst, als ich Bärbel kennenlernte und miterleben durfte, welches Glück sie bei ihren Vorträgen in die Augen der Zuhörer zaubern konnte. Die Menschen spürten, hier geschieht etwas bei ihnen, das sie weiterbringt. Und dieser Funke ist dann auch auf mich übergesprungen. Offenbar drang er so tief in mein Herz, dass er irgendwann den Mut aufbrachte, sich zu zeigen. 2007 schrieb ich das erste Buch, gemeinsam mit Bärbel: *Fühle mit dem Herzen, und du wirst deinem Leben begegnen*. In der Folge machte ich dann eine gemeinsame Vortragsreise mit Bärbel, und bald danach ging ich mit eigenen Büchern selbst auf eine kleine Tournee. Das erfüllt mich auch heute noch am allermeisten.

Rilke hat gesagt: »Unsere größten Ängste sind Drachen vergleichbar, die unsere kostbarsten Schätze bewachen.« Da war die Sehnsucht in mir, den Menschen etwas zu geben, so wie Bärbel es auf wunderbare Art lange Jahre tun durfte. Aber davor wachte der Drache, meine Angst, mich zu zeigen und vielleicht ausgelacht oder gedemütigt zu werden. Berufung ist das, was uns ruft, und wir erleben es in uns als Verlangen, als Sehnsucht, die nach außen dringen möchte. Es ist unser Wunsch, in unser vollkommenes Potential zu gelangen, unser Bestes zu verwirklichen.

Die Angst, die es auf dem Weg zur Berufung zu besiegen gilt, hat dabei durchaus ihren Sinn. Wie soll ich lernen, wie es ist, etwas richtig zu können, wenn ich nicht auch

Das eigene Potential entdecken

das Gegenteil davon kenne – die Unfähigkeit, das ganze Unvermögen? Um etwas von der Pike auf zu lernen, muss ich den vollständigen Weg gehen, vom Unvermögen in sein Gegenteil, das Können. Ich denke, wir werden zunächst in das Gegenteil unserer Berufung hineingeboren, um zu erleben, wie es ist, genau dieses Potential nicht zu haben. Denn auf dem langen und dornigen Pfad des Lernens eignen wir uns auch Kenntnis über alle möglichen Hindernisse an. Um etwas wirklich gut zu können, müssen wir auch wissen, wie es nicht funktioniert. Nicht zuletzt werden wir dadurch auch zu guten Lehrern für andere, denen wir unsere Erfahrungen weitergeben.

Während meines Chemiestudiums kam es mir komisch vor, dass viele Praktikanten gerade bei mir Nachhilfe haben wollten, denn ich war ein eher durchschnittlicher Doktorand. Viele meiner Studienkollegen hatten bessere Noten als ich. Aber die Praktikanten merkten bei mir, dass ich die Schwierigkeit kannte, bestimmte Sachverhalte nicht gleich zu verstehen, und ich zeigte ihnen oft, wie ich mir dann doch über Eselsbrücken und dergleichen das betreffende Wissen aneignen konnte. Darum kamen sie zu mir: Ich gab meine eigenen Erfahrungen weiter und hielt auch mit den überwundenen Schwierigkeiten beim Lernen nicht hinter dem Berg.

Hochbegabte Menschen hingegen, die alles sofort verstehen, können oft nicht nachvollziehen, dass dies anderen Leuten viel schwerer fällt. Weil sich ihnen alles sofort erschließt, haben sie keine Tricks auf Lager, wie man auf

Das eigene Potential entdecken

Umwegen zum Wissen und Können gelangt. Übrigens erfuhr ich nach Abschluss meines Chemiestudiums, dass viele der besten Absolventen meines Jahrgangs in ihren Führungspositionen in der Industrie Probleme damit hatten, ihre Mitarbeiter zu motivieren.

Auch dabei geht es ums Annehmen. Ich konnte die »normalen« Studenten mit ihren Problemen verstehen und lehnte sie nicht ab. Das spürten sie, und genau darum kamen sie zu mir.

Auch um den Drachen meiner Angst zu besiegen, muss ich ihn zuerst annehmen. Dann gebe ich zu:»Ja, ich habe diese Angst. Aber jetzt stelle ich mich ihr. Ich blicke diesem Drachen ins Auge. Ich habe diese Angst und nehme sie an, und ich bin sie. Auch diese Angst in mir, sie darf sein. Und wenn ich sie annehme und sie dabei fühle, wird sie sich verwandeln. Denn ich lehne sie nicht mehr ab. Ich erkenne sie als Teil von mir, den ich jetzt zulasse.« So öffnet sich dann das Tor zu meiner Bestimmung, und die Angst verwandelt sich immer mehr in Zuversicht. Das Unvermögen transformiert sich in Können, um die Sehnsucht meiner Seele, den Wunsch der Schöpfung zu erfüllen und meine Berufung zu leben. Hinter meiner Angst wartet mein höchstes Potential auf mich.

Dieses Potential will mir mein Wunsch eröffnen. Ich würde sagen, jeder Mensch hat in sich eine tiefe Sehnsucht, glücklich und erfüllt zu leben. Nur wissen die meisten eben noch nicht, wie sie dorthin finden können. Über unser Herz und unsere Gefühle kann es uns aber immer

Das eigene Potential entdecken

besser gelingen, in Resonanz zur Schöpfung zu treten und unserer inneren Stimme zu folgen. Wir verschmelzen dabei auf eine Weise mit dem Universum, wie wir es auch vom Beten oder Meditieren kennen.

Bestellungen sind darum nicht allein als Ausgeburten unseres Egos zu betrachten, das sich einfach nie zufriedengibt. Auf einer gewissen Ebene entspringen Bestellungen dem tiefsten Urquell unserer Seele.

Bestellungen zeigen die Sehnsucht meiner Seele. Sie führen mich so in mein höchstes Potential.

In sein Potential zu finden muss übrigens nichts Spektakuläres sein. Es muss sich auch nicht unbedingt als eine Art »Erleuchtung« zeigen. Inneres Wachstum kann sehr still vonstattengehen, und es braucht Zeit. Das war auch bei mir so.

Es kann lange dauern, bis ich meine Berufung finde. Wer kennt sich schon wirklich selbst? Ich hatte das große Glück, über Bärbel sehr intensiv mit dem Thema Bestellen in Kontakt zu kommen, und darum fiel mir vielleicht so manches einfach in den Schoß. Viele der Fragen, um die es in diesem Buch geht, habe ich lange mit Bärbel hin und her gewälzt, bis wir gemeinsam zu einer Antwort finden durften. Bei mir dauerte es bis weit über die vierzig, bis ich richtig mit dem Schreiben begann. Einerseits hatte es sicher mit der inneren Sehnsucht in mir zu tun. Auf der anderen Seite aber sicherlich auch mit der Kunst, mich selbst anzunehmen.

Das eigene Potential entdecken

Denn wie soll ich erkennen, wer ich bin, wenn ich mich selbst in vielen Teilen noch ablehne? Die Seiten, die ich an mir nicht mag und die ich darum vor mir selbst verberge, gehören ebenfalls zu mir. So wie ich meine Angst annehmen musste, auf eine Bühne zu gehen und vor Hunderten von Menschen zu reden, gab es noch viele andere kleine und große Facetten meines Wesens, die ich im Lauf der Jahre akzeptieren lernte.

Wenn ich mich annehme, integriere ich die Teile, die ich vorher an mir nicht sehen wollte. Erst wenn ich anzunehmen lerne, lerne ich auch mich selbst kennen. Irgendwann bekomme ich ein wirkliches Bild von mir, und dabei auch eine Idee, was ich wirklich bin und was ich richtig gut kann.

Wenn ich lerne anzunehmen, wachse ich erst in das hinein, was ich mir selbst durch meine Ablehnungen vorenthalte. Hinter meinen Ablehnungen steht mein Seelenplan und damit das, was ich auf dieser Erde noch lernen und vollbringen möchte.

Mein liebster erfüllter Wunsch Nr. 11: Nach ihrem Abitur hatte Hilde erst einmal ein Jahr im Ausland verbracht und suchte nun fieberhaft nach einem für sie geeigneten Beruf. Da ihr aber einfach keine gute Idee dazu in den Kopf kam, bestellte sie sich, bald die für sie am besten passende Fachrichtung zu finden. Kurz danach sprachen gleich mehrere

Das eigene Potential entdecken

gute Bekannte sie auf ihr ausgeprägtes zeichnerisches Talent an, und Hilde nahm diesen Wink des Universums auf. Sie bewarb sich an einer Hochschule für Grafik und Design und wurde angenommen. Da sie aber auch ein Nebenfach belegen musste, entschied sie sich eher aus dem Bauch heraus für den Bereich »Digitale Medien«, den sie noch überhaupt nicht kannte. Irgendein zweites Fach musste es halt eben sein. Bereits im ersten Semester merkte Hilde, wie sehr ihr gerade dieses Nebenfach lag, und bald schon erkor sie es sogar zu ihrem Hauptstudiengang. Das Universum wusste es offenbar mal wieder am besten! Hilde hatte nur den einen Schritt in Richtung Grafik machen müssen, und schon öffnete sich die Tür zu ihrer ganz besonderen Begabung. Es genügt manchmal einfach, einen ersten Schritt zu tun.

13

Lernen, die Fülle anzunehmen

Jeder Wunsch hienieden wird begleitet von einem neckischen »Vielleicht«.

Wilhelm Busch

Fast jeder, mit dem ich auf meinen Seminaren spreche, hat eine offene oder versteckte Sehnsucht nach Geld und Reichtum. Eigentlich jeder denkt, er wäre glücklicher, hätte er nur mehr Geld. Geld ist aber auch nur das, was ich daraus mache. Habe ich ein Problem mit Geld, dann habe ich im Grunde ein Problem mit mir selbst. Fühlt sich mein Geld nicht oder zu wenig in mein Leben eingeladen, dann muss dies auch mit mir zu tun haben. Es ist dann auch wieder so eine Bestellung, die ich mir nicht erlaube anzunehmen.

Geld-Bestellungen gestalten sich häufig sehr heikel. Bei kaum einem anderen Thema wirken sich unsere eigene Energie, unsere innere Einstellung und unsere Gefühle so stark auf die Lieferung aus. Darum ist auch der Erfolg solcher Wünsche, über viele Menschen betrachtet, extrem unterschiedlich. Dem einen gelingt es, mühelos immer wieder kleinere Geldbeträge zu bestellen. 100 oder 1000 Euro sind da gar kein Problem. Größere Summen kommen aber eher

Lernen, die Fülle anzunehmen

selten vor. Die Nummer eins der Bestenliste beim Geldwünschen war eine Seminarteilnehmerin, die eine größere Firma hatte und in Zahlungsschwierigkeiten kam. Darum wünschte sie sich gleich mehrere Millionen beim Universum. Sie gewann dann bald darauf den Jackpot im Lotto und konnte damit ihre Firma sanieren.

Schon damals fragte ich mich, warum gerade bei dieser Frau solch ein Riesenwunsch geliefert werden konnte. Ich sprach mit ihr darüber und erkannte, dass sie beim Bestellen wirklich sehr selbstlos gewesen war. Sie hatte in allererster Linie an das Wohl ihres Unternehmens gedacht und wollte vor allem ihren geschätzten Mitarbeitern Sicherheit und weitere Anstellung bieten. Das bedeutet, sie wollte das Geld nicht für sich, sondern vielmehr für andere – den Betrieb und die Menschen, die darin arbeiteten.

Genau darum hatte diese Bestellung Erfolg. Die Bestellerin selbst war an dieser Sache nur insoweit beteiligt, als sie diejenige war, die die Bitte ans Universum absendete. Sie bat jedoch für andere, nicht für sich selbst. Und damit war sie selbst aus dem Spiel. Ihre eigenen Grenzen und Ablehnungen, die eine Bestellung nur für sie selbst verhindert hätten, kamen nicht zum Tragen.

Dies erklärt, warum ganz allgemein Wünsche für andere Menschen häufiger gelingen. Denke ich dabei nur an andere, dann fließt die Energie viel einfacher dorthin, wo sie für die Erfüllung hinsoll. Denke ich aber nur an mich selbst, wie so oft, dann wird die Energie blockiert, und der Wunsch bleibt auf dem Weg zu mir stecken.

Lernen, die Fülle anzunehmen

Wie bereits ausgeführt ist unser Ego der Teil in uns, der vor allem für sich wünscht. Für andere zu wünschen ist darum eine gute Möglichkeit, das Ego zu überlisten. Klaus, der die Ausbildung zum »Coach für positive Realitätsgestaltung« bei mir absolviert hat, war ein echter Fan davon. Er berichtete freudestrahlend, er würde nur noch für Freunde und Bekannte wünschen. Oft würde dann so ganz nebenbei bald danach auch er selbst mit einer Lieferung beschenkt. Probier es doch einfach selbst mal aus!

Meine eigene Energie hat genau da Blockaden, wo ich in Ablehnung bin. Dort fließt sie nur unzureichend oder gar nicht. Ich stelle es mir so vor, als stünde ich in jedem Moment meines Lebens in einem Fluss, in dem unablässig Dinge auf mich zutreiben. Alles, was ich tun müsste, wäre, mein Netz auszuwerfen und alles einzufangen, was dieser Fluss – das Leben – mir bietet. Sinnbildlich wäre das der Zustand, in dem ich zu allem Ja sage, was mir vom Leben angeboten wird. Ich bin in Akzeptanz und Liebe.

In der Realität geschieht hingegen etwas völlig anderes. Zwar stehe ich auch jetzt im Fluss des Lebens, und dieselben Dinge treiben auf mich zu. Nun aber selektiere ich. Ich will nicht alles in meinem Netz haben. Das, was mir nicht gefällt, werfe ich zurück ins Wasser.

Damit kann die ganze Fülle des Lebens aber eben nicht zu mir kommen. Die Dinge, die ich aus meinem Netz aussortiere, enthalten auch Gutes, das mir von Nutzen sein könnte, auch wenn ich dies nicht auf Anhieb erkenne. Ich schließe also Dinge von mir selbst aus, die ursprünglich zu

Lernen, die Fülle anzunehmen

mir gehören. Denn sonst würden sie nicht zu mir fließen. Der Fluss des Lebens lässt sie zu mir hintreiben, damit ich sie annehme und ganz werde.

Wo auch immer ich ablehne, zeigt es mir: Ich bin noch nicht ganz. Ich fühle mich unvollständig und bin auf der Suche. Diese Suche kann sich zeigen in dem Streben nach Erfolg, Anerkennung, Geld oder auch Liebe. Im Grunde aber, tief in mir und unbewusst, suche ich nach mir selbst, nach meiner Ganzheit. Dieses Gefühl kann sich aber erst einstellen, wenn ich lerne anzunehmen. Immer mehr und immer vollständiger. Je mehr ich ganz werde, umso weniger fühle ich mich innerlich leer und im Mangel. Je mehr ich die Fülle dessen, was das Leben mir bietet, annehmen kann, desto mehr bin ich mit dem Universum, der Schöpfung oder auch Gott in Resonanz.

Bestelle ich für andere, dann spielt mein innerer Zustand kaum eine Rolle. Ich wünsche einem oder mehreren anderen Menschen etwas von Herzen; ich wünsche mir, dass sich dieser Wunsch erfüllt. An diesem Punkt kommt wieder die Liebe ins Spiel, denn beim Wünschen für andere ist es meine Liebe, die zu den anderen Menschen fließt und die dann auch die Lieferung ermöglicht. Erfahrungsgemäß fällt es uns leichter, andere Menschen zu lieben – die eigenen Kinder, die Familie, die engsten Freunde –, als uns selbst. Die Selbstliebe scheitert oft an unseren eigenen Ablehnungen.

Solange wir bestimmte Aspekte unseres Selbst ablehnen, ist uns die Fülle des Lebens nicht uneingeschränkt zugäng-

Lernen, die Fülle anzunehmen

lich. Es ist dann, als gingen wir durch einen Supermarkt, der alles enthält, was wir gern haben möchten: Glück, Erfolg, Liebe, Begeisterung und auch Geld. Doch bestimmte Gänge und Abteilungen in diesem Supermarkt sind verbarrikadiert. Wir kommen einfach nicht dorthin. Es sind die Blockaden unserer Ablehnungen, die uns den Weg versperren. Hier kommen wir an uns selbst nicht vorbei.

Leider habe ich kein Rezept für einen Zaubertrank, der uns allen zu mehr Selbstakzeptanz und damit zur Fülle des Lebens verhilft. Das Universum hat die Welt und uns Menschen wohl mit Absicht genau so geschaffen, wie wir sind. Es wäre zu leicht, wenn jeder hier nur einige Zeilen lesen müsste, und schon stünden ihm oder ihr alle Möglichkeiten offen. Das stellt sich der Himmel offenbar etwas komplizierter vor.

Für mich ist sehr einleuchtend: Da, wo ich im Mangel bin, kann ich mir keine Fülle bestellen. Auch Bärbel hat diese Erfahrung gemacht. In *Bestellungen beim Universum* spricht sie über ihre Erfahrungen mit Geld. Ihre Grenze beim Bestellen waren etwa 10 000 Euro. Darüber hinaus gelangen auch ihr solche Wünsche nicht. Aber sie hat sich schöne Übungen ausgedacht, die sie häufig in ihren Seminaren einsetzte, damit jeder Teilnehmer Einblick in sein Geldbewusstsein nehmen konnte. Hier stelle ich dir zwei davon vor:

Lernen, die Fülle anzunehmen

∞ *Übung 13a: Mein Geldbewusstsein* ∞

Setz dich ganz entspannt hin und atme ein paar Mal aus und ein. Wenn es dir gefällt, kannst du gern eine angenehme Musik im Hintergrund laufen lassen. Nun stelle dir vor, du würdest 500 Euro im Monat verdienen. Für meine Kinder wäre das schon eine Unsumme. Stell dir vor, wie das wäre. Was machst du damit? Wie fühlst du dich dabei? Gern kannst du die Übung kurz unterbrechen, um deine Erfahrung in dein Wunschtagebuch zu schreiben. Du kannst aber auch gern alle Eindrücke erst nach Abschluss dieser Übung notieren.

Geh im nächsten Schritt nun Stück für Stück mit deinem Einkommen nach oben. Wie fühlt es sich an, 1000 Euro im Monat zu verdienen? 2000, 3000, 4000? Wie ist es für dich, alle 30 Tage 5000, 6000, 7000, 8000 Euro zu bekommen? Steigere den Betrag so langsam, dass du immer genau hinspüren kannst, wie du dich jeweils fühlst. Gehe dann zu höheren Summen über: 10000, 20000, 30000, 50000, 100000 Euro. Und sei ruhig so wagemutig, auch noch mit sehr hohen weiteren Beträgen zu experimentieren: 200000, 500000, eine Million Euro im Monat. Es ist ja nur ein Gedankenspiel. Beende die Übung dann, und schreibe dir bitte auf jeden Fall deine Erkenntnisse auf.

Für viele Menschen ist diese Übung eine große Bereicherung, denn sie gibt uns die Möglichkeit, einen kurzen Blick auf unser Unterbewusstes zu werfen. Eine Seminarteilnehmerin beispielsweise hatte schon bei 500 Euro ein mulmiges Gefühl im Buch. Wir probierten zum Spaß auch negative Einnahmen aus, und das mulmige Gefühl verschwand. Ihr ging es nur gut, wenn ihr imaginäres Konto auf null oder im Minus war. Zuerst wunderte mich das, aber dann rückte sie mit der Sprache heraus und bekannte, schon seit Jahren recht hoch verschuldet zu sein.

Die Vorstellung, sehr hohe Summen zu verdienen, ist bei dieser Übung besonders spannend, denn kaum jemand hat sich diesen Gedanken vorher schon einmal erlaubt. Bei den meisten Menschen ist darum etwa um die 40 000 Euro ein Punkt erreicht, wo sie aussteigen, da mehr ihre Vorstellungskraft einfach sprengt. Dann aber, bei vielleicht 100 000 Euro, steigen sie wieder ein, und zwar, weil nun ein neuer Gedanke kommt: Wenn ich so viel Geld verdiene, verschenke ich einfach einen Teil davon. Solche Mengen brauche ich selbst gar nicht – ich gebe es meiner Familie und Freunden, die bedürftig sind. Ich spende es einer Stiftung oder gründe gleich selbst eine. Ab einer bestimmten Summe denken wir oft an andere Menschen, und das ist doch eine wunderbare Erfahrung.

∽ *Übung 13b: Wie denke ich über reiche Menschen?* ∽

Die zweite Übung zum Thema Geld geht folgendermaßen: Bitte schreibe dir einmal auf, was du von reichen Menschen hältst. Wie ist deine Haltung ihnen gegenüber? Sind alle Reichen für dich korrupt, gehen sie über Leichen? Haben sie ihren Reichtum

Lernen, die Fülle anzunehmen

nur erlangt, indem sie andere betrogen haben? Verurteilst du Reiche? Oder schaust du anerkennend zu ihnen auf und gönnst ihnen ihren Wohlstand? Haben sie deiner Meinung nach jeden Euro verdient, den sie besitzen?
Vielleicht kommst du beim Notieren deiner Antworten deinen inneren Ablehnungen in punkto Geld auf die Spur. Findet ein Teil von dir Geld schlicht schmutzig? Wie aber soll es dann zu dir kommen? Wenn meine inneren Ablehnungen ausstrahlen: »Geld, geh weg!«, dann wird das Geld tatsächlich vor mir davonlaufen. Es sind diese inneren Ablehnungen, die unsere Beziehung zum Geld definieren.

So erkläre ich mir auch den merkwürdigen Umstand, dass viele Lottokönige einige Jahre nach ihrem Gewinn weniger Geld haben als zuvor. Zwar ist äußerlich der Reichtum da, aber das Unterbewusstsein kann ihn nicht annehmen. Das Geld wird darum planlos ausgegeben, bis nichts mehr davon übrigbleibt.

Auch bei Geldbestellungen geht es deshalb nicht so sehr um die richtige Technik. Wichtig ist auch hier vor allem meine innere Haltung dem Geld gegenüber, wie auch zu den Menschen, die es besitzen. Am besten kultiviere ich zunächst das Gefühl inneren Reichtums, indem ich dem Leben gegenüber eine Haltung einnehme, die grundsätzlich bejahend und annehmend ist:

Ablehnung erschafft Mangel, Annahme erzeugt Fülle.

Lernen, die Fülle anzunehmen

Den inneren Mangel kann ich nicht wegwünschen. Ich kann mich grundsätzlich nicht anders bestellen, als ich bin. Aber ich kann an mir arbeiten und mich so immer mehr in die Annahme bringen. Dann kann auch das Leben mich immer erfolgreicher beschenken. Dann fordere ich immer weniger von anderen, dass sie anders sein sollen, als sie sind. Andere Menschen müssen mir nichts mehr »liefern«. Denn ich selbst fühle mich nun beschenkt vom Leben. Ich kann auch das Schlechte annehmen und bin in der tiefen Gewissheit, selbst dies hat seinen tieferen Sinn, auch wenn ich ihn im jetzigen Moment vielleicht noch nicht verstehe. Gleichzeitig wird mir bewusster, in welchen Bereichen ich anderen Menschen Gutes wünsche.

୨ *Übung 14: Andere Menschen beschenken* ୨

Verbinde dich zuerst wie bei der Übung »In die Liebe gehen« mit deinem Herzen. Spüre dazu einfach dein Herz. Lege wieder beide Hände auf die Mitte der Brust und spüre, was dabei geschieht. Schließe dazu deine Augen und atme entspannt ein und aus. Denke: »Ich atme ein, und ich atme aus.«
Lass dann die Wärme in deiner Brust stärker werden und deute sie als die Liebe in deinem Herzen. Lass diese Wärme dann durch deinen Körper fließen: in die Arme und Beine, in deine Hände, deine Füße und auch in deinen Kopf. Nach einigen Minuten, wenn dein ganzer Körper sich wohlig warm anfühlt, denke an einen bestimmten Menschen, der dir nahesteht und für den

Lernen, die Fülle anzunehmen

du nun gern etwas wünschen möchtest. Spüre dein Herz und sage Dinge wie: »Ich bitte darum, dass Inge ihre Stelle wiederbekommt. Bitte, liebes Universum, lass Klaus wieder eine neue Frau finden.« So oder so ähnlich. In deinem Herzen bist du nun ganz in Liebe eingestimmt, und das Universum, die Schöpfung oder dein Gott hören dir jetzt aufmerksam zu. Du merkst vielleicht: Dieser Vorgang hat große Ähnlichkeit damit, einen lieben Menschen in dein Gebet einzuschließen.

Beende diese Übung, wenn es sich für dich richtig anfühlt. Wie geht es dir jetzt?

Mein liebster erfüllter Wunsch Nr. 12: Hildegard hatte sehr wenig Geld, und am Monatsende wurde es mal wieder äußerst knapp. Sie wünschte sich darum, für die nächsten Tage genug Geld zum Essen und für das Nötigste zu bekommen. Eine Freundin schenkte ihr am nächsten Tag eine Hose, die sie im Secondhand-Laden für ein paar Euro gekauft hatte. Beim Anprobieren knisterte etwas in der Hosentasche, und zum Vorschein kam ein 100-Euro-Schein. Die beiden Freundinnen freuten sich über das Geschenk und teilten sich das Geld.

14

Bestellungen sind Gebete

Ob die Erfüllung wirklich etwas mit dem Wünschen zu tun hat? Ja, solang der Wunsch schwach ist, ist er wie eine Hälfte und braucht das Erfülltwerden wie eine zweite Hälfte, um etwas Selbständiges zu sein. Aber Wünsche können so wunderbar zu etwas Ganzem, Vollem, Heilem auswachsen, das sich gar nicht mehr ergänzen lässt, das nur noch aus sich heraus zunimmt und sich formt und füllt.

Rainer Maria Rilke

Bei einem ihrer Fernsehauftritte wurde Bärbel eingehend zum Bestellen befragt. Sie erklärte es den Zuschauern und verwendete dabei wie immer die Begriffe »Universum« und »Lieferung«. Eingeladen zu dieser Sendung war auch die Schauspielerin und Regisseurin Esther Schweins, die Bärbel zur Seite sprang und meinte: »Das ist ja genau wie beim Beten.« Und tatsächlich: Auch hier wende ich mich an eine höhere Macht, um eine Bitte erfüllt zu bekommen.

Es ist sicher bereits in den vorhergehenden Kapiteln immer wieder angeklungen: Eine Bestellung beim Universum ähnelt doch sehr dem Beten. Bärbel als vor allem wissenschaftlich orientiertem Menschen lag es näher, beim Universum zu bestellen, als ein Gebet an Gott zu richten.

Bestellungen sind Gebete

Vielen Menschen, die mit Religion nicht wirklich etwas anfangen können, sprach sie damit aus der Seele. Bestellen war damit frei von all den Vorbehalten, die man gegen die etablierten Religionen und ihr »Bodenpersonal« sicher haben kann.

Das Bestellen beim Universum konnte auf diese Weise viel mehr Menschen erreichen. Man war frei, es überall zu tun: auf dem eigenen Balkon, bei Sonnenuntergang, mit oder ohne Freunde, mit oder ohne besonderes Ritual. Es gab keine festen Vorgaben, und vor allem musste man nicht an Gott oder die Schöpfung glauben, damit die Bitte gewährt wurde. Man war frei von all dem, was vielen Menschen eher nicht mehr zeitgemäß erscheint, wie etwa das Auswendiglernen des Vaterunsers oder der regelmäßige Kirchgang.

Dennoch schwingen beim Wünschen Aspekte mit, die wir durchaus auch aus der Bibel kennen. Die Tatsache, dass Bestellungen am besten gelingen, wenn ich ganz in Liebe bin, erinnert an das zentrale christliche Gebot »Liebe deinen Nächsten wie dich selbst«. Der Hinweis, dass Wünsche am besten erfüllt werden, wenn ich sie in kindlicher Freude und Unvoreingenommenheit absende, hat seine Entsprechung im Ausspruch Jesu: »Wenn ihr nicht werdet wie die Kinder, so werdet ihr nicht das Himmelreich erfahren.« Wenn ich diese Parallelitäten richtig bewerte, dann hat das Bestellen durchaus einen religiösen Beiklang. So betrachtet, ist eine Bestellung nichts anderes als eine neue Form des Gebets.

Bestellungen sind Gebete

Viele Missverständnisse rund um das Bestellen haben mit diesem religiösen Beiklang zu tun. Das Bestellen hat bis heute statt einer religiösen immer noch eine eher wissenschaftliche Note. Entsprechend bildete sich die Erwartung heraus, wenn man nur »richtig« bestelle, wenn also gewissermaßen die Versuchsanordnung stimme, müsse es immer zum gewünschten Ergebnis kommen. Allerdings wird diese Erwartung auch in der Wissenschaft nicht immer eingelöst, eben weil Menschen mit ihrem Bewusstsein im Spiel sind. Der Experimentator hat nämlich selbst einen messbaren Effekt auf das Ergebnis des Versuchs. Wissenschaftlich wird dies als »Versuchsleitereffekt« bezeichnet. Die Erwartungshaltung des Experimentators beeinflusst den Ausgang des Versuchs. Kein Wunder also, dass auch beim Bestellen derjenige, der bestellt, unbewusst ein gewichtiges Wörtchen mitredet. Eine Bestellung kann gelingen oder sie kann scheitern, je nachdem, welcher Mensch bestellt.

Viel bedeutsamer bei diesem Missverständnis, das das Bestellen als eine Art naturwissenschaftlichen Mechanismus versteht, ist jedoch, dass die Welt kein Labor ist. Es gibt beim Wünschen keine sichtbaren Stromleitungen, an die ich mich anschließen kann. Der himmlische Mechanismus, der die Lieferung einer Bestellung bewirkt, ist zweifellos unsichtbar, ungreifbar – eigentlich nichts anderes als ein Wunder.

Wunder aber sind nicht wissenschaftlich erfassbar. Es ist sogar Teil ihres Wesens, dass sie den Naturgesetzen eben nicht gehorchen. Der »Draht nach oben«, meine Verbindung zur Schöpfung, ist nicht materiell. Dass es ihn gibt, sehe ich erst, wenn der Wunsch erfüllt wird. Bestellungen funktionieren, aber wie genau dies geschieht, das wird wohl immer unbekannt bleiben. Es lässt sich nicht rational verstehen, und das ist gut so. Denn der rationale Verstand ist eher hinderlich, wenn es darum geht, das Bestellen zu begreifen. Liebe und Dankbarkeit sind erfahrungsgemäß die besten Grundhaltungen dafür, dass eine Bestellung geliefert wird. Beide aber sind Gefühle. Wenn ich mich darum beim Wünschen ständig frage, ob ich auch alles richtig mache, dann bin ich so damit beschäftigt, mich »richtig« zu verhalten, dass ich gar nichts fühlen kann. Denn entweder bin ich im Kopf, oder ich bin im Herzen und Fühlen. Beides zusammen geht nicht. Wenn ich nur im Denken bin, kann ich das Universum nicht hören.

Liebe kann man nicht verstehen. Jeder, der schon mal verliebt war, wird das bestätigen. Da das Universum oder die Schöpfung offenbar Liebe sind, kann ich auch sie nicht verstehen. Niemand wird ernsthaft erklären wollen, was genau Gott ist. Wissenschaftliche Ausführungen helfen hier nicht, sondern behindern uns viel eher dabei, in Verbindung zur Schöpfung zu gehen.

Mir selbst hilft da sehr gut ein Spaziergang in der Natur. Wenn ich den Vögeln beim Zwitschern zuhöre, wenn ich das Getreide sich im Wind wiegen sehe, dann spüre ich etwas, das ich Schöpfung nennen möchte. Ich kann einen Schmetterling anschauen und ihn dabei bewundern. Ich kann ihm dankbar sein für seine Leichtigkeit und Schönheit. Ich kann ihn als Ausdruck der Schöpfung betrachten und mit ihm in Kontakt und Resonanz treten. Aber ich kann ihn sicher nicht verstehen.

Darum möchte ich an dieser Stelle dafür plädieren, dass wir uns wieder mehr auf unser Gefühl verlassen, statt einzig auf unseren Verstand zu vertrauen. Ich möchte noch einmal an die biblische Forderung erinnern, »wie die Kinder« zu werden. Vielleicht meint auch sie: Fühle mehr und denke weniger, wie ein Kind. Die Kinder können uns dies lehren. Von ihnen können wir auch lernen, wie es ist, ganz bei sich selbst zu sein.

Übrigens: Weil Kinder sehr viel mehr fühlen, haben sie auch sehr viel weniger innere Ablehnungen. Ablehnungen entstehen wohl erst nach und nach, indem das Kind unterscheiden lernt und die Dinge des Lebens einordnet in »gut« und »schlecht«. Die Schubladen unseres Denkens entstehen erst mit der Zeit. Es ist unser Verstand, der die Dinge trennt, die ursprünglich zusammengehört haben. Denn das, was ich ablehne, möchte ich nicht fühlen. Um nicht zu fühlen, gehe ich in den Verstand und entferne mich von meinem Herzen. Und damit auch vom Kontakt zum Universum.

Das Fühlen verbindet mich mit der Schöpfung oder auch Gott. Wenn ich etwas fühle, nehme ich es in mich auf, ich spüre es, ich bin es ganz. Ich nehme es an. Wenn ich etwas ablehne, will ich es nicht an mich heranlassen. Ich gehe auf Distanz, aber auf Kosten meiner Lebendigkeit.

Bestellungen sind Gebete

Denn erst durch mein Gefühl werde ich wirklich lebendig. Im Verstand spüre ich mich nicht. Und weil ich mich nicht spüre, spürt mich auch das Universum nicht. Ich verschwinde gewissermaßen vom Radar der Schöpfung, wenn ich mich selbst nicht spüre.

Bestellungen können mir darum durch meine praktische tägliche Erfahrung mit ihnen beweisen, dass es so etwas wie die Schöpfung gibt. Ich stehe in Verbindung zu ihr, und sie hört mir zu. Und sie erfüllt mir mitunter sogar meine Wünsche. Bärbel nannte diese ausführende Instanz einfach »das Universum«, aber du kannst ihm jeden Namen geben, den du willst: Einheit, Vollkommenheit, Alles-was-ist, Ursprung, Gott, Göttin, Allmacht. Es steht dir frei, welchen Namen du ihm oder ihr geben möchtest.

Aber es steht fest: Diese Instanz ist lebendig. Wie sonst sollte sie zu mir, einem lebendigen, atmenden Menschen, in Verbindung treten können? Sie ist auch bewusst, denn sie kann spüren, was ich in meinem Herzen fühle. Und sie ist Liebe, denn ich kann zu ihr nur dann wirklich in Verbindung treten, wenn ich selbst auch in Liebe bin. Erst dann schwinge ich nach dem Gesetz der Resonanz auf derselben himmlischen Wellenlänge. Diese Resonanz ist kein Mechanismus, der mit der richtigen Technik erlernt werden kann. Vielmehr geht es um eine bestimmte Weise zu »sein«. Es ist vor allem wichtig, wie ich als Mensch bin, welches Bewusstsein ich habe, wie viel Liebe ich in meinem Herzen kultivieren kann. So wie das Universum oder die Schöpfung einfach »ist«, wie sie nun mal ist, ohne dass ich dies

Bestellungen sind Gebete

erklären müsste oder auch nur könnte, so kann auch ich erlernen, einfach zu »sein«, im Hier und Jetzt, ohne mir immerfort den Kopf zu zerbrechen.

Vielleicht ist der richtige Zeitpunkt erreicht, um das Wünschen zu seinem Ursprung zurückzuführen. Bestellungen sind Gebete. Das Bestellen hat sich seit Jahren bewährt und dabei vielen Menschen den Glauben daran zurückgegeben, was sie erreichen können und was in ihnen steckt. Was beim Bestellen zum Vorschein kommt, ist aber weit größer als wir allein. Es wirkt durch uns, aber es ist mehr als wir. Es ist das große Ganze, das in vielen Religionen beschrieben wird und dem sich die Menschen der verschiedensten Kulturen beim Gebet zuwenden. Genau wie bei einer Bestellung.

Bei einer erfüllten Bestellung verschmelze ich mit der Schöpfung, so wie ich es bei einem Gebet tue.

Wünschen – oder eben: Beten – öffnet unser Bewusstsein für die Möglichkeiten, die uns als Mensch offenstehen. Ich bin so viel mehr, als ich bisher glaubte. Das Universum möchte, dass ich in Kontakt zu ihm komme. Gelingt mir dies, »belohnt« es mich gewissermaßen mit der Erfüllung von Wünschen. Aber dahinter steckt noch viel mehr. Wenn ich in Verbindung zur Schöpfung trete, dann möchte die Schöpfung auch durch mich wirken. Jeder Kontakt zu ihr verändert mich, macht mich feiner, bringt mich mehr ins Herz. Denn dieser Kontakt wird durch Liebe aufgebaut.

Liebe verwandelt mich, lässt mich die Welt mit anderen Augen sehen. Ich nehme andere Menschen mehr an, ich entwickle Nächstenliebe, und schließlich komme ich auch mit mir selbst ins Reine. Ich bin eins mit mir und der Schöpfung.

Die Liebe führt mich von der Kritik an den eigenen Fehlern und Schwächen zu mehr Selbstannahme. Ich bin gut. Wie sonst könnte ich erklären, dass das Universum mich beschenkt? Ich habe Fähigkeiten in mir, die sich zeigen und verwirklichen möchten. Schließlich kann das Bestellen mich am Ende noch zu dem machen, was ich mir zeit meines Lebens kaum vorstellen konnte: zu einem glücklichen Menschen.

∾ *Übung 15: Die Etappen meines Lebens* ∾

Bitte nimm wieder dein Wunschtagebuch zur Hand und mach eine Bestandsaufnahme deines Lebens. Wie viele Wünsche in deinem Leben wurden schon erfüllt? Welche Ziele hast du schon erreicht? Beginne in deiner Kindheit. Ganz sicher hast du dir damals gewünscht, ohne Hilfe essen zu lernen oder deine Schuhe allein zuzubinden. Später wolltest du schwimmen können und auch Fahrrad fahren. Was noch? Welche Wünsche wurden schon in deiner Kindheit erfüllt?

Dann geh weiter zur Schulzeit. Du wolltest gute Noten, die nächste Klasse erreichen, schließlich die Schule abschließen. Vielleicht hast du dann studiert oder eine Ausbildung durchlaufen. Was hast du alles während dieser Lebensphase erreicht?

Schließlich geh weiter in deinem Leben. Du hast eine Anstellung gefunden, Geld verdient. Du hast die Stelle gewechselt, und es ist dir gelungen, an einem neuen Platz Fuß zu fassen. Du hast einen Lebenspartner gefunden, vielleicht geheiratet, bist vielleicht Vater oder Mutter geworden. Du hast möglicherweise ein Haus gebaut. Vor all diesem Erreichten lagen Zielsetzungen, Wunschvorstellungen. Mach dir dies während dieser Übung bewusst. Bei all diesen Lieferungen stand dir das Universum zur Seite!

Meine liebster erfüllter Wunsch Nr. 13: Eine Seminarteilnehmerin namens Edith hatte einen »Pubertisten« zu Hause, mit dem sich das Zusammenleben oft recht schwierig gestaltete. Sie bestellte sich daraufhin mindestens drei Wochen Ruhe. Drei Tage später kam der Junge zuckersüß lächelnd nach Hause und bat darum, zehn Wochen lang an einem Schüleraustausch mit Frankreich teilnehmen zu dürfen. Natürlich sagte Edith sofort begeistert zu. Von diesem Moment an war ihr Sohn ausgesprochen nett zu ihr – nicht nur, weil sie ihre Erlaubnis gegeben hatte, sondern auch, weil schon bald der französische Austauschschüler eintreffen würde, bei dem der Junge einen guten Eindruck machen wollte.

15

Meine Schöpfung und ich

Das ist es, was der Himmel wünscht:
Wer Kraft hat, soll anderen helfen;
wer Weisheit besitzt, andere lehren;
wer Reichtum erwirbt, ihn mit anderen teilen.

Chinesische Weisheit

Was ist das eigentlich – das Universum? Ich erlebe es sehr unterschiedlich. Manchmal kommt es mir so vor, als würde ich Rad fahren mit Rückenwind, dann komme ich schnell voran, ohne viel zu tun. Es ist, als würden die Engel mich begleiten und zu glücklichen Fügungen in meinem Leben beitragen. Dann fühle ich mich vom Universum geliebt.

Manchmal ist es aber gerade umgekehrt. Dann habe ich das Gefühl, der Wind bläst eisig von vorn, und was ich auch tue, ich komme keinen Schritt voran. Alles scheint gegen mich zu sein, so sehr ich mich auch anstrenge.

Aber auch das gilt es anzunehmen. Diese gegensätzlichen Seiten des Universums gehören zum Spiel des Lebens. Offenbar ist das Universum wie das Meer mit seinen Wellen. Alles Lebendige ist seinem ständigen Auf und Ab ausgesetzt. Annahme zu lernen bringt uns dazu, wie ein

Meine Schöpfung und ich

Surfer auf den Wellen zu reiten. Dann akzeptieren wir das Wellental, wenn alles stagniert und nichts vorangeht. Und natürlich freuen wir uns über das Wellenhoch, wo sich alles wie von selbst gut und richtig fügt.

Ich sehe es nur zu gut an den Jahreszeiten. Manchmal ist Sommer, manchmal Winter. Das Leben ist wie ein Garten. Im Sommer blüht alles, und das Leben ist leicht. Dann fallen mir Bestellungen am leichtesten. Im Winter wird alles schwer, und auch das Wünschen gelingt mir nicht so recht. Aber soll ich dann etwa ganz am Bestellen zweifeln? Nein, sicher nicht. Es ist dann eben nicht die richtige Zeit. Im Winter kann ich keinen Wein ernten. Das gelingt mir nur in ganz bestimmten Momenten. Alles hat seine Zeit – auch das Wünschen.

Die Erkenntnis, dass nicht alles zu jeder Zeit gut und möglich ist, ist in unserer modernen Kultur sehr an den Rand gedrängt worden. Bei einem wissenschaftlichen Experiment interessiert es den Forscher überhaupt nicht, zu welchem Zeitpunkt er seine Untersuchungen macht. Zeit wird von uns zumeist als linear betrachtet, jeder Moment ist scheinbar wie der nächste. Eine Minute und die nächste, sie unterscheiden sich für die Wissenschaft nicht, genauso wenig wie Heute oder Morgen.

Das war bis vor wenigen hundert Jahren noch ganz anders. Jeder König hatte seine Ratgeber, die ihm den besten Tag für seine Hochzeit oder einen Kriegsbeginn vorhersagten. Dem aus dem Dreißigjährigen Krieg bekannten Feldherrn Wallenstein stand sein Astrologe Seni treu zur

Meine Schöpfung und ich

Seite. Indianer befragten mit Hilfe ihres Medizinmannes das Orakel. Und im asiatischen Raum ist es auch heute noch üblich, das *I Ging* zu befragen, bevor eine wichtige Entscheidung zu fällen ist. In der östlichen Kultur ist das alte Wissen der Zeitqualität noch erhalten geblieben.

Doch allmählich beginnen auch wir uns wieder darauf zu besinnen. Seit einigen Jahren gibt es wieder sogenannte »Mondkalender«, in denen es um den »richtigen Zeitpunkt« geht. Unsere Großväter wussten noch von den besten Tagen zur Aussaat, zur Ernte oder um im Wald Holz zu schlagen. Immer mehr Menschen finden zu diesem alten Wissen zurück und wenden es erfolgreich an. Ich gieße zum Beispiel schon seit mehr als zehn Jahren meine Blumen nach dem Mondkalender, und sie gedeihen prächtig.

Auch die Zeit verhält sich wie eine Welle, sie ist nicht starr oder linear. Dies ist auch für das Bestellen bedeutsam. Genau darum arbeite ich schon seit 2006 am sogenannten »Wunschkalender« mit. Dort suche ich diejenigen Tage im Jahr heraus, die aus astrologischer und numerologischer Sicht für bestimmte Wünsche besonders geeignet sind. Wann ist der beste Zeitpunkt für Bestellungen, die Beruf oder Partnerschaft betreffen? Welcher Tag ist besonders geeignet, um zu vergeben oder um alte Muster aufzulösen? Der Mond spielt hier eine herausragende Rolle, da er astrologisch für Emotionen steht, und diese sind ein wichtiger Teil unserer Schöpferkraft. An Tagen, wo meine Gefühle angegriffen sind und ich mich schwach und wertlos fühle, wird es mir besonders schwerfallen, etwas Wertvolles zu

Meine Schöpfung und ich

bestellen. Denn dann ist es schwer, eine vertrauende innere Haltung zu entwickeln und in Resonanz zu kommen.

Das Universum meint es auch an solchen Tagen aber keineswegs böse mit uns. Die Schwingungen der Zeit sollte ich nicht persönlich nehmen. Dagegen anzukämpfen verschwendet meine Energie und verhindert allein deswegen meine Bestellung. Stattdessen sollte ich auch das Universum in seinem wechselhaften Wesen annehmen. Wie beim Yin-Yang-Zeichen ist alles eine Welle, und das Helle und das Dunkle gleichen sich genau aus. Es muss beides geben. Beide Seiten bedingen einander, wandeln sich ineinander um und halten so unsere Welt im Gleichgewicht. So funktioniert die Schöpfung.

Einige Jahre nach den *Bestellungen beim Universum* kam ein Freund auf Bärbel und mich zu und bot uns an, Wünsche aufzustellen. Damals erlangte gerade das Familienstellen größere Bekanntheit, und die Idee unseres Freundes war, statt einer Familiensituation einfach eine Bestellung aufzustellen. Die Idee gefiel uns, und wir luden mehrmals größere Gruppen von Interessierten zu diesen Aufstellungen ein.

Aufgestellt wurden immer solche Bestellungen, die nicht geliefert worden waren. Wir wollten herausfinden, woran das lag. Bei einem solchen Wunsch stellte die betreffende Person wie beim richtigen Familienstellen zuerst sich selbst, dann davon betroffene Personen, die bestellte Sache, aber immer auch das Universum selbst auf. Dann wurden alle aufgestellten Personen befragt, wie es ihnen

Meine Schöpfung und ich

geht und was sie in der aufgestellten Situation gern anders machen würden.

Beispielsweise hatte sich eine Teilnehmerin gewünscht, ein Restaurant zu eröffnen, ohne dies bisher in die Tat umsetzen zu können. Das Universum hatte überhaupt nichts gegen diesen Wunsch, jedoch stellte sich bei der Aufstellung heraus, dass die betreffende Frau innerlich noch nicht bereit war, die Verantwortung für solch ein Unternehmen zu übernehmen. In einem anderen Fall bot eine Frau Seminare auf Hawaii an, die aber nicht gebucht wurden. Die Aufstellung zeigte auch hier ein sehr wohlwollendes Universum. Hinderungsgrund war erneut die Frau selbst, die Sorge hatte, bei den weiten und häufigen Reisen ihre vier Kinder zu vernachlässigen.

Ich könnte hier noch viele ähnliche Beispiele aufführen. Immer lag es an dem betreffenden Menschen selbst, wenn ein Wunsch nicht erfüllt wurde. Das Universum war immer bereit, griff aber in den freien Willen des Einzelnen nicht ein.

Manchmal ist es eben (noch) nicht die richtige Zeit. Bei der ersten Frau wäre die Bestellung geliefert worden, wenn sie die Verantwortung für das Restaurant zu tragen bereit gewesen wäre. Vielleicht wird sie es sein, wenn sie älter ist und mehr Erfahrung gesammelt hat. Vielleicht findet sich auch ein Geschäftspartner, der ihr finanziell zur Seite steht. Die zweite Frau wird möglicherweise in späteren Jahren auf ihren Wunsch zurückkommen, wenn ihre Kinder erwachsen geworden sind. Hätte bei beiden alles schon damals gestimmt, das Universum hätte sicher ihre Wünsche erfüllt. Doch die inneren Widerstände beider Frauen gegen den eigenen Wunsch waren vermutlich nicht ganz unbegründet, und so wäre eine prompte Wunscherfüllung wohl bei beiden nicht gut gewesen. Beide Frauen wären von ihren inneren Widerständen daran gehindert worden, ihre Sache – sei es nun das Restaurant oder die Seminare – zum damaligen Zeitpunkt wirklich überzeugend zu vertreten.

Ich möchte hier nun gerne auf die am weitesten gefasste Konsequenz der Bestellungen zu sprechen kommen. Wenn alles seine Zeit hat; wenn es so etwas wie eine »richtige« Zeit für die Dinge gibt, die in meinem Leben geschehen, dann möchte ich hier schlussfolgern:

Alles geschieht zur richtigen Zeit.

Das ist für mich die Quintessenz des Bestellens. Wird ein Wunsch erfüllt, dann erfolgte er ganz einfach zur richtigen Zeit. Wird eine Bestellung hingegen nicht geliefert, dann war es nicht die richtige Zeit.

Die beiden oben beschriebenen Frauen hat das Universum vermutlich vor einem Misserfolg bewahrt. Die Schöpfung meinte es nur gut, als sie Nein zu diesen Wünschen sagte. Genau genommen waren es die Frauen selbst, die mit ihren unbewussten Vorbehalten Nein sagten. Dies nahm ihren Bestellungen alle Energie. Wer war es nun letztlich, der Nein zur Lieferung sagte? Das Universum

Meine Schöpfung und ich

oder das Unterbewusstsein der beiden Frauen? Lässt sich das überhaupt trennen?

Ich weiß, ich kann diese Behauptung nicht beweisen. Aber ich möchte sie hier dennoch gern zum ersten Mal vorstellen. Nach meiner Auffassung gibt es eine Ebene, auf der meine Wünsche und die Wünsche des Universums eins werden. Das Universum und ich können verschmelzen. Die Schöpfung und ich, wir sind nicht getrennt voneinander. Mit »ich« meine ich den Menschen als Ganzes: Körper, Seele und Geist. Bewusstsein und Unterbewusstsein. Ich, als gesamter Mensch, ich stehe in Verbindung zur Schöpfung. Ein Teil von mir kann eins mit ihr werden.

Von Tieren ist gut bekannt, dass ihre Verbindung zur Schöpfung dauerhafter und noch viel stärker ist. Tiere spüren, wenn ein Erdbeben kommt, und verlassen die betreffende Gegend. Auf einer Insel ahnen sie einen Tsunami voraus und bringen sich in Sicherheit. Wir nennen dies Intuition. Tiere verfügen darüber noch viel stärker als wir Menschen. Doch auch wir tragen diese Fähigkeit in uns, oft ohne sie bewusst zu kennen. Auf der Ebene der Intuition sind die Schöpfung und ich eins.

Bei den Bestellungen der beiden Frauen hat ihre Seele, ihr Unterbewusstes, die Auslieferung verhindert. Es war nicht die richtige Zeit dazu. Beide Frauen wollten aus ihrem Bewusstsein heraus etwas, das in diesem Moment »falsch« war. Es war nicht im Sinne der Schöpfung. Es entsprach nicht dem Plan ihrer Seelen.

Hätten beide Frauen einen besseren Kontakt zum Universum gehabt, ihre Intuition hätte es ihnen verraten. Ihre Seelen hätten zu ihnen gesprochen, vielleicht durch Träume, vielleicht durch Zufälle, die zwar vielleicht sogar geschehen sind, denen sie aber wohl keine Bedeutung beigemessen haben. Auf irgendeine Weise hätten beide gespürt, was zu tun war, und ihre damalige Bestellung nicht abgesendet.

Die Kunst, annehmen zu lernen, bedeutet auch zu akzeptieren, wenn eine Bestellung nicht geliefert wird. Wenn ich annehmen lerne, nehme ich die äußeren Umstände an, egal, ob ein Wunsch nun erfüllt wird oder nicht. Dabei werden mit der Zeit meine Fähigkeit zum Hinspüren und meine Intuition schärfer. Ich weiß dann immer besser, was zur jeweiligen Zeit zu tun ist. Ich erkenne, was an der Zeit ist. Ich folge meiner Intuition und tue das, was im jeweiligen Moment »dran« ist. Das kann dann eine Bestellung sein oder einfach auch eine ganz praktische Handlung.

Wenn ich durch mein Gefühl und meine Intuition immer mehr verbunden bin mit der Schöpfung, kann ich irgendwann, wenn ich einen Wunsch in mir verspüre, nicht mehr sicher sagen: Ist es nun mein Wunsch oder der Wunsch der Schöpfung, die durch mich wirkt? Ich spüre den richtigen Moment für eine Bestellung, und sie wird erfüllt. Ich werde eins mit der Schöpfung, deren Werkzeug ich bin.

Wird ein Wunsch nicht erfüllt, dann war es der falsche Wunsch zur falschen Zeit. Allein die Tatsache, dass er nicht geliefert wurde, zeigt mir: Etwas war nicht richtig an

Meine Schöpfung und ich

der Sache. Der Wunsch stand nicht im Einklang mit der Schöpfung. Und ich selbst tat es auch nicht.

Bestellungen sind eine Sache zwischen der Schöpfung und mir. Sie werden erfüllt, wenn ich im Einklang mit ihr stehe.

Ich möchte sogar behaupten, dass der Himmel uns beschützt. Wünsche, die wir aus unserem Tagesbewusstsein und nur aus unserem Verstand heraus äußern, die aber nicht wirklich in unserem Sinne sind, werden nicht erfüllt. Die Schöpfung passt gut auf uns auf. Ebenso gut könnte ich sagen: Es ist meine Seele selbst, die hier wirkt und Anteil nimmt.

Bestellungen verhelfen uns auf diese Weise Schritt für Schritt dazu, das Richtige zur richtigen Zeit zu tun. Wenn eine Bestellung erfüllt wird, war sie auch der Wunsch des Universums. Und ganz bestimmt dient mein Wunsch dann in gewisser Weise auch dem Wohle aller.

Mit der Zeit werden sich meine Wünsche verfeinern. Ich wünsche immer häufiger auch für andere. Ich wünsche mehr im guten Bewusstsein, dass das Beste für mich und alle anderen Beteiligten geschehen soll. Ich wünsche immer weniger aus meinem Ego heraus. Ich fühle mich mit allem verbunden, mehr und mehr auch mit der ganzen Schöpfung. Ich werde zu ihrem Instrument und frage: Was, lieber Gott, ist jetzt zu tun? Was ist jetzt das Beste? Oder: Lass real werden, was jetzt gut und möglich ist. Die Frage, ob ich daran glaube oder nicht, stellt sich dann nicht mehr. Ich bin in einer Haltung des Vertrauens.

~ Übung 16: Der Wunsch der Schöpfung ~

Ich bin in Kontakt zum Universum, wenn ich in Liebe bin. Also frage dich bei dieser Übung immer wieder, vielleicht einen ganzen Tag lang: Was würde die Liebe in diesem Moment wohl tun? Da die Schöpfung Liebe ist, stellst du durch diese Frage Verbindung zu ihr her.

Wenn also heute etwas geschieht, das dich ärgert oder aus deiner Mitte trägt, frage dich: Was würde die Liebe tun? Dann ärgerst du dich nicht mehr über die rote Ampel, sondern siehst sie eher als Notwendigkeit an, den Verkehr zu regeln. Dann sagst du einem Kollegen vielleicht etwas Nettes, damit er sich darüber freut. Dann lädst du vielleicht häufiger deine Freunde ein, um mehr Zeit mit ihnen verbringen zu können.

Die Frage »Was würde die Liebe tun?« kann dir langfristig auch dabei helfen, dein Herz mehr zu spüren und dich immer wieder zu fragen: Was ist in meinem Herzen mein größter Wunsch? Es wird dann immer öfter auch der Wunsch des Universums sein.

Meine Schöpfung und ich

Mein liebster erfüllter Wunsch Nr. 14: **Rita**, einer alleinerziehenden Mutter mit zwei Kindern, wuchs der Haushalt langsam über den Kopf. Sie hatte zwar nicht viel Geld, dachte sich aber: Warum bestelle ich mir nicht einfach eine Art Haushaltshilfe beim Universum, die manchmal auf die Kinder aufpasst und nebenbei putzt, kocht und die Wäsche macht? Kosten darf sie aber nichts, wünschte Rita sich eher spaßeshalber dazu, denn sie konnte eigentlich kaum glauben, dass es so einen Engel wirklich geben könnte.

Bald darauf wurde Rita bei der Arbeit von einer Kundin gefragt, ob sie nicht eine Praktikantenstelle für deren Tochter wisse. An der Berufsschule der Tochter sei es nun mal Pflicht, ein Jahr lang in einem Haushalt mitzuhelfen, so zweimal die Woche für einige Stunden. Da die Tochter noch lernen müsse, sei es notwendig, ab und zu ein paar Hilfestellungen und Anleitungen zu geben. Aber dafür sei die ganze Sache auch kostenlos. Rita lächelte still in sich hinein und dankte dem Universum.

16

Warum bist du gegangen?

Ab und zu schreiben mir Leser, die zu glauben scheinen, dass ich irgendwie besonders schlau oder vielleicht doch schon halb erleuchtet bin ... Tut mir einen Gefallen und vergesst diesen Mist ... Die Botschaft lautet doch im Gegenteil: wenn DIESE vollkommen durchschnittlich Verrückte Bestellungen beim Universum ohne Ende aufgeben kann und so viele unwahrscheinliche Dinge geliefert bekommt, dann kann ICH es doch erst recht! So und nicht anders solltet ihr das sehen.

Bärbel Mohr im Nachwort zum Buch
Der kosmische Bestellservice

Was Bärbel am Ende ihres zweiten Bestellbuches schrieb, macht deutlich: Sie betrachtete sich keineswegs als etwas Besonderes, vielmehr als eine Lernende, und sie machte auch kein Hehl daraus. In ihrer Darstellung des Bestellens war sie aber offenbar für viele Menschen derart überzeugend, dass bei ihren Lesern eher in den Hintergrund trat, dass Bärbel sich nicht als besonders erleuchtet sah. Ich habe in den letzten Jahren immer wieder mit Seminarteilnehmern über die schon fast verklärte Wahrnehmung vieler Menschen gesprochen. Bärbel selbst mochte diesen

Warum bist du gegangen?

Starrummel um ihre Person rein gar nicht. Stattdessen versuchte sie alles, um auf ihre eigene Fehlbarkeit hinzuweisen. Leider wohl mit nur geringem Erfolg.

Als Menschen bleiben wir wohl immer konfrontiert mit unseren Schwächen und Schattenseiten. So groß Bärbels Erfolg auch war – sie war sich ihrer eigenen Unzulänglichkeiten sehr bewusst. Sie als »durchschnittlich Verrückte« kannte ihre eigenen Grenzen nur zu gut. Ich glaube sagen zu dürfen: Genau das machte ihren Erfolg aus. Sie verlor nie die Bodenhaftung.

Wie ich vor allem in den letzten Kapiteln dargestellt habe, geht für mich das Bestellen weit über den bisher gesetzten Rahmen hinaus. Ich sehe es stärker eingebettet in unsere Rolle als Teil der Schöpfung. Unsere Verbindung zum Universum ist in uns angelegt. Davon, wie stark diese Verbindung ist, hängt ab, wie gut unsere Bestellungen funktionieren. Es ist an uns, den »Draht nach oben« zu verstärken. Aus diesem Grund habe ich das Bestellen auch mit dem Beten verknüpft. Es ist aus meiner Sicht einfach unangemessen zu fordern, dass immer und zu jeder Zeit jeder Wunsch erfüllt werden muss. Wir sollten stattdessen dankbar dafür bleiben, dass wir im Laufe unseres Lebens schon so oft durch ausgelieferte Bestellungen beschenkt worden sind.

Dem Universum gegenüber fordernd aufzutreten schwächt unsere Verbindung zu ihm. Die Demut, die wir dann vermissen lassen, ist der beste Erfüllungsgehilfe bei der Lieferung unserer Wünsche. Unser innerer Zustand,

Warum bist du gegangen?

unser Eingestimmt-Sein auf die Schöpfung, ist entscheidend. Eingestimmt auf das Universum sind wir, wenn wir in Liebe und Demut sind.

Warum ist Bärbel gestorben? In meinem letzten Buch *Weiterleben ohne dich* habe ich beschrieben, dass diese letzte aller Fragen im Kern eine Sache zwischen mir und meinem Gott ist. Mit der Frage nach dem Warum unseres Sterbens verknüpft ist die Frage »Warum werden wir geboren?«. Jeder Mensch sieht sich früher oder später der Herausforderung gegenüber, die diese Fragen darstellen, und jeder von uns ist gefordert, selbst eine Antwort darauf zu finden.

Das vorliegende Buch ist der Versuch meiner Antwort. Ich habe es in dem tiefen Vertrauen darauf geschrieben, dass jeder Leser in oder zwischen den Zeilen etwas für sich Stimmiges darin finden mag.

Bärbel und ich hatten mehr als zehn sehr glückliche Jahre. Wir haben gemeinsame Kinder. Dafür bin ich sehr dankbar. Natürlich wäre es wunderbar gewesen, wenn unsere gemeinsame Zeit noch viel länger gedauert hätte. Aber offenbar haben wir gewisse Dinge unseres Lebens nicht in der Hand. Wir können unseren Körper pflegen, auf ihn achten, behutsam mit ihm umgehen. Aber wann wir diese Welt verlassen, liegt nicht wirklich in unserem Ermessen, sondern wohl doch vielmehr in den Händen einer höheren Macht. Über Leben und Tod können wir letztendlich nicht bestimmen. Das sprengt den Rahmen, den das Leben uns setzt. Wir werden geboren, und wir sterben. Wenn der

Warum bist du gegangen?

Mensch, den wir lieben, stirbt, endet damit auch die Beziehung zu ihm. Zumindest in körperlicher Hinsicht.

Antworten können tröstend sein. Sie können den Kummer und den Schmerz der Trauer erleichtern. Ich selbst habe in den letzten Jahren Antworten auf viele Fragen gesucht und auch einige gefunden. Manche dieser Antworten habe ich anschließend wieder verworfen. Die Fragen nach dem Leben und dem Tod können nicht mit letztgültiger Sicherheit beantwortet werden. Auf die Frage, warum Bärbel gestorben ist, gibt es für mich mehr als vier Jahre nach ihrem Tod keine wirkliche Antwort. Aber ich kann meinen Frieden mit der Tatsache schließen, dass mir ein geliebter Mensch genommen wurde.

Irgendwann habe ich mit dem Fragen aufgehört. Der Verstand kann die Schöpfung nicht begreifen, so sehr er es auch versuchen mag. Als ich aufhörte, mir den Kopf zu zerbrechen, öffnete ich mich dem Fühlen. Und dann erst erlebte, durchlitt, bewältigte ich wohl diese große Herausforderung des Schicksals. Das Fühlen ist für mich darum das Allerwichtigste geworden, auch wenn der Verstand noch so klar sein mag. Fühlend lerne ich, den anderen anzunehmen. Fühlend kann ich einen Zustand erreichen, der sich in allen Umständen geborgen fühlt. Und fühlend spüre ich mich verbunden mit der Schöpfung, so dass ich mich sogar von ihr getragen und beschenkt erleben kann.

Durch dieses Fühlen bin ich schließlich meinem Gott ein gehöriges Stückchen näher gekommen. Und erst so konnte dieses Buch in seiner vorliegenden Form entstehen.

Warum bist du gegangen?

Auch wenn eine Bestellung nicht geliefert wird, kann sich ein Geschenk dahinter verbergen. Zumeist dauert es eine Zeit, bis ich das so sehen kann. Ich habe in den Kapiteln dieses Buches einige Beispiele dafür gegeben, etwa die Geburt meiner Kinder oder die Klassenzuteilung in der Grundschule, die sich erst im Nachhinein als beste Möglichkeit erwiesen hat. Inzwischen bin ich überzeugt: Es geschieht das Richtige im richtigen Moment, auch wenn es manchmal nicht wirklich so ausschaut. Dieses Bewusstsein ist geprägt von Dankbarkeit und es öffnet die Tür zu einem Verständnis dafür, wie reich beschenkt wir in jedem Moment unseres Lebens doch eigentlich sind.

Auf den Tod bezogen fällt solch eine Sichtweise zugegebenermaßen sehr schwer. Alleine die Tatsache, dass wir alle früher oder später einmal sterben, finden wir irgendwie nicht richtig. Jeder hat Angst davor. Jeder von uns wird unweigerlich irgendwann an dieser Schwelle stehen.

Wenn es uns gelingt, diese Tatsache anzunehmen, wie sie ist, wird das Leben leichter. Wenn ich den Tod als Teil meines Lebens akzeptiere, verliert er ein Stück weit seinen Schrecken. Dann muss ich ihn nicht mehr in möglichst weite Ferne schieben, indem ich danach strebe, möglichst lange zu leben. Dann akzeptiere ich ihn, wenn er kommt – wann auch immer dies sein wird. Natürlich bemühe ich mich trotzdem, gesund zu leben, ausreichend zu schlafen, für genügend Erholung zu sorgen. Und sicher setze ich mein Leben nicht tollkühn aufs Spiel. Aber ich schüttle auch nicht den Kopf über das Schicksal anderer, die mei-

Warum bist du gegangen?

ner Meinung nach »zu früh« sterben, so wie Bärbel. Eher schaue ich auf das, was der betreffende Mensch in seinem Leben erreicht hat. Bärbels Leben kann sich da sicher sehen lassen.

Der Vorwurf, sie sei zu früh gegangen, spiegelt mir darum vor allem die große Angst, die wohl jeder von uns vor dem Moment des Todes hat. Dennoch klingt es in meinen Ohren anmaßend, über einen »zu frühen Tod« zu sprechen. Wer anderes wird denn da kritisiert als die Schöpfung, die etwas falsch gemacht haben soll?

Ich denke, Bärbel hatte am Ende ihres Lebens ihren Frieden mit der Schöpfung gefunden. Ich war in der letzten Zeit ihres Lebens sehr nah bei ihr und glaube das sagen zu dürfen. Neben all dem, was sie erreicht hat und wofür ihr so viele Leser dankbar sind, ist dies vielleicht das Größte, was ich von ihr sagen kann.

Von Friedrich Hebbel stammt der Aphorismus: »Du siehst die leuchtende Sternschnuppe nur dann, wenn sie vergeht.« Wie lange wir leuchten dürfen, wissen wir nicht. Offenbar ist dies aber unser Sinn: zu strahlen und dabei unser wahres Wesen zu offenbaren. Bärbel hatte den Mut, sich in ihren Büchern ganz zu zeigen, und dabei strahlte sie auch sehr hell.

Nach ihrem Tod geht mein Leben und das unserer Kinder weiter. Wo stehe ich heute, im Jahr 2014? Ich habe viele meiner Wünsche erfüllt bekommen, hatte eine wunderbare Beziehung mit Bärbel, lebe mit unseren beiden wunderbaren Kindern, arbeite jetzt selbständig als Autor

Warum bist du gegangen?

und Seminarleiter und finde darin meine Berufung. Ich habe Zeit für meine kleine Familie und achte sehr darauf, nicht zu sehr unter Stress zu geraten. Gleichzeitig genieße ich es sehr, immer öfter auch auf kleine Vortragsreisen zu gehen. Meine Kinder begleiten mich dabei häufig. Wir sind alle gesund, und allein das ist Grund genug, um mich glücklich schätzen zu dürfen. Ich bin dankbar für das, was wir haben.

Dankbar auch dafür, dass ich, ohne zu suchen, eine neue Partnerin gefunden habe. Natürlich habe ich mir irgendwann nach Bärbels Weggang eine neue Frau an meiner Seite gewünscht. Es war mir klar, dass dies erst möglich sein würde, wenn ich die Trauer um Bärbel wirklich überwunden hatte. Ich selbst musste so weit sein. So bestellte ich mir ganz offen, eine neue Beziehung sollte dann kommen, wenn ich wieder dazu bereit wäre. Das Universum würde schon wissen, wann dies der Fall sein würde. Alles Weitere ließ ich einfach los. Ich versuchte, mich dem Fluss des Lebens zu übergeben und voll Vertrauen zu sein, dass das Richtige sich schon zur richtigen Zeit einstellen würde.

Beim Ausliefern meiner Bestellung habe ich es dem Universum dann recht schwer gemacht. Ich war in der Trauerphase ganz nach innen gewendet und ging nur sehr wenig weg. Heute weiß ich, es war richtig, und im ersten Jahr nach Bärbels Tod war an eine neue Beziehung sowieso nicht zu denken. Das sogenannte Trauerjahr hat ganz sicher seinen Sinn.

Warum bist du gegangen?

Im Jahr danach fanden immer wieder Buchaufträge zu mir, die meine Zeit füllten. Ansonsten war ich voll und ganz mit der Betreuung unserer halbwüchsigen Kinder beschäftigt – für mich nach wie vor die wichtigste Aufgabe in meinem Leben. Alles in allem lebte ich sehr zurückgezogen.

Zwei Jahre nach Bärbels Tod wurde ich dann zu einer Einweihungsfeier nach München eingeladen und sollte dort einen Vortrag halten. Ich war zögerlich, wollte jedoch nicht absagen, weil ich die Veranstalter gut kannte. Auf diesem Fest war ich dann zwar recht kurz, aber doch lange genug, um am Buffet mit einer netten Amerikanerin ins Gespräch zu kommen, die in München lebte und drei größere Kinder hatte. Ich war mir sicher, dass der Mann, der sie begleitete, ihr Partner war. Darum musste der kosmische Lieferservice wohl etwas nachhelfen und bescherte mir eine Freundin von ihr, die ich einige Wochen später kennenlernte. Diese Freundin ließ mich nach bester Frauenart ganz nebenbei wissen, dass besagte Amerikanerin nach ihrer Scheidung allein lebte und mich sympathisch fand. Eine typische Verkuppel-Aktion also, aber so war es nun mal. Anders wäre es wohl auch nicht möglich gewesen. Ich schrieb also der Dame bald darauf einige Mails, und danach ging alles sehr schnell. Inzwischen sind wir seit zwei Jahren ein Paar.

Natürlich läuft auch in dieser Beziehung nicht alles reibungslos; darum ist hier wie überall das Miteinander ein stetiger Prozess der Liebe, eine Aufgabe des Himmels. In unserer Patchwork-Familie lernen wir uns immer mehr anzunehmen, wie wir sind. Ich bin sehr glücklich in dieser neuen Partnerschaft, die natürlich ganz anders ist als meine Beziehung zu Bärbel. Sie ist eine neue Facette in der großen Vielfalt der Spielarten von Liebe. Ein neuer Ausdruck der Schöpfung. Ich bin dankbar, weiterhin ein lebendiger Teil von ihr sein zu dürfen.

Schlussgedanken

Wenn ich einen Wunsch frei hätte, würde ich mir nicht Reichtum und Macht wünschen, sondern ein leidenschaftliches Gespür für Potential – ein Auge, das, immer jung und feurig, das Mögliche sieht.

Søren Kierkegaard

Dieses Buch soll die Tradition des Bestellens beim Universum fortführen und erweitern. Bärbel hat das Bestellen sozusagen in die Welt gebracht, und ich begleite es nun durch seine Pubertät. Ich hoffe, es wird noch alt und grau und darf dabei noch viele Menschen zum Wünschen inspirieren. Wir sind viel mehr, als wir glauben zu sein.

Das Bestellen, so wie Bärbel es vor nunmehr 16 Jahren beschrieben hat, ähnelt in seiner Struktur einem Eisberg: Nur ein kleiner Teil davon war damals erkennbar. Mit Hilfe des vorliegenden Buches hoffe ich, etwas mehr sichtbar gemacht zu haben. Das Bestellen reicht sehr viel tiefer, als wir dachten.

Denn es verdeutlicht uns den immer bestehenden Kontakt zum Universum, zur Schöpfung oder auch zu Gott. Wenn ein Wunsch sich erfüllt, so ist dies für mich heute gleichbedeutend mit einem Gebet an Gott, das erhört wurde. Wenn Gott meine Bitte erhört, erfüllt mich dies mit großer Demut. Beim Bestellen gerät dieser Aspekt leider manchmal ins Hintertreffen.

Schlussgedanken

Bestellungen sollten mit großer Dankbarkeit aufgegeben und empfangen werden. Wo eine Bestellung nicht ausgeliefert wird, kann auch dies Anlass zur Dankbarkeit sein. Denn es ist dann offenbar in einem höheren Sinne nicht vorgesehen, dass ich meinen Wunsch jetzt erfüllt bekomme. Möglicherweise habe ich selbst die Auslieferung durch meine inneren Ablehnungen verhindert. Dann bin ich selbst meine Grenze, was diesen Wunsch betrifft. Oder mein Wunsch entspricht nicht dem Wunsch des Universums. Wäre ich mit meiner Intuition ganz verbunden gewesen, hätte ich dies gespürt und gar nicht erst so bestellt.

Wenn es mir gelingt, alles in meinem Leben so anzunehmen, wie es ist, dann komme ich immer mehr in die Liebe. Und die Liebe verbindet mich dann immer besser mit der Schöpfung. Es ist dann die Liebe, die in meinem Herzen schwingt und die mir den Wunsch des Universums einflüstert. Auf diese Weise werde ich zum Werkzeug der Schöpfung, die sich durch mich ausdrückt. Eine Bestellung, die erfüllt wurde, stand im besten Einklang mit ihr.

In der Einleitung habe ich bereits beschrieben, wie jeder von uns als Kind schon Wünsche in sich getragen hat, die dann geliefert wurden. Nur haben wir dies vergessen, es war uns damals nicht wirklich bewusst. In uns, wie in jedes Wesen dieser Welt, ist ein tiefer Impuls zu wachsen eingepflanzt. Mitunter ist er ganz tief in uns versteckt. Es ist der Wunsch des Universums, dass wir wachsen und uns weiterentwickeln. Offenbar ist auch diese Welt ein Wunsch. Eine unablässige Bestellung des Himmels.

Schlussgedanken

Heute möchte ich sagen, allein die Tatsache, dass die Blumen wachsen oder die Jahreszeiten sich abwechseln, drückt den tiefen Wunsch des Universums nach stetigem Fortschritt und ständiger Erneuerung aus. Alles, was wir täglich mit unseren Augen wahrnehmen, ist für mich darin begründet. Die Schöpfung will sich in immer neuen Formen zeigen. Und auch wir, als Menschen, drücken uns immerfort auf immer neue Weise aus. Wir können gar nicht nicht schöpferisch sein, wir müssen uns ausdrücken und tun dies auch in jeder Sekunde. Und schon diesen Impuls würde ich gerne als »Bestellung« bezeichnen. Durch mein Sein, durch den ständigen Ausdruck meines Selbst, durch meine Gefühle, Gedanken und Handlungen stelle ich doch stets nur den Wunsch der Schöpfung dar. Schon immer bin ich ein Werkzeug der Schöpfung, und das Bestellen macht es mir nur endlich bewusst. Mit diesem Wissen kann ich selbst immer mehr darüber bestimmen, welches Werkzeug des Himmels ich gern sein möchte.

Ich versuche heute, so oft ich kann, mich dem Fluss des Lebens anzuvertrauen, indem ich mir verinnerliche, wie dankbar ich für jeden Moment bin, den ich erleben darf. Wie schön es ist, mit meinen Kindern sein zu dürfen. Wie sehr es mich bereichert zu schreiben. Wie wunderbar wohltuend das Licht und die Strahlen der Sonne sein können. Wie gern ich in der Natur bin und wie geborgen und beschützt ich mich von ihr fühle.

Das Leben ist ein Geschenk. Es möchte sich durch mich ausdrücken, und ich tue dies, gewollt oder un-

Schlussgedanken

gewollt, in jedem Augenblick. Sage ich Ja zu meinem Leben, nehme ich es an, werde ich immer mehr erfahren, wie schön es sein kann. Sage ich hingegen Nein dazu, nehme ich seine Gaben nicht an. Für mich ist allein darin schon das Geheimnis des Glücks verborgen. Es liegt bei mir, ob ich den Himmel sehen möchte, oder sein Gegenteil, die Hölle. Das Innen entspricht dem Außen. Ich werde die Welt so erleben, wie ich sie sehe. Durch meine Sichtweise mache ich sie erst zu dem, was sie ist.

Die Frage ist darum vor allem, wer ich bin. Wer ist es, der die Welt da draußen betrachtet? Meine Wahrnehmung wird durch mich allein bestimmt. Wenn ich mich als Ausdruck des Universums begreife und damit den schöpferischen Anteil meiner selbst entdecke, öffnet dies die Tür in eine ganz neue Welt. Dahinter wartet der Himmel auf Erden, in dem ich mich geliebt und getragen fühle. Die schöpferische Kraft, die immer in mir wirkt, ist mir nun bewusst, und ich kann sie zum Wohle meiner Umwelt einsetzen. Das Bestellen beim Universum hat mich zu diesem Bewusstsein geführt.

Wenn ich das Leben als Geschenk betrachte, nehme ich eine innere Haltung der Liebe und Annahme ein. Ich bin mir sehr sicher: Wenn es mir gelingt, immer mehr zu sagen: »Es ist gut so, wie es ist«, dann geschieht auch das Beste, für mich und andere.

Bei der Arbeit an diesem Buch habe ich oft innegehalten und mich gefragt: »Was soll ich als Nächstes schreiben? Was ist jetzt das Beste?« Ich hoffe, dass es nun gut gewor-

Schlussgedanken

den ist und dass du als Leser darin Antworten auf deine Fragen findest.

Wir alle, jeder von uns, sind Teil der Schöpfung. Wir spüren dies immer deutlicher, je mehr wir uns der Liebe zuwenden und somit selbst Liebe werden.

Alles ist gut. Und somit wird auch alles gut.

In Verbundenheit
Manfred Mohr

Anhang

Das Wichtigste im Überblick

Zur schnellen Vergegenwärtigung sind hier die zentralen Aussagen dieses Buches noch einmal zusammengefasst:

1. Manchmal bekomme ich genau das geliefert, was ich gerade nicht will.
2. Was ich ablehne, ziehe ich an. Ablehnungen sind damit unbewusste Bestellungen.
3. Je mehr ich lerne, Abgelehntes zu akzeptieren, umso besser gelingt mir auch das Bestellen.
4. Beim Betrachten meines Partners und meiner Umwelt schaue ich stets in meinen Spiegel. Mein Schattenanteil findet sich immer auch in ihnen. Ich kann ihn nicht wegbestellen.
5. Ich nehme mich und meine inneren Ablehnungen immer mit, überallhin. Und damit werde ich meine eigene Grenze beim Wünschen.
6. Dankbarkeit ist eine Form von Gebet und sagt ganz Ja zum Leben.
7. Ich stehe immer in Verbindung zum Universum – nicht nur beim bewussten Bestellen.
8. Das Wünschen aus einer vertrauenden inneren Haltung heraus vertieft meinen Kontakt zum Universum, zur Schöpfung oder auch zu Gott.

Anhang

9. Ich kann nicht nicht bestellen. Ich bestelle unablässig. In jedem Moment.
10. Nehme ich mich immer mehr an, verbessere ich auch meine Fähigkeit, Bestellungen anzunehmen. Ändere ich mich, ändert sich auch mein Leben.
11. Bestellungen zeigen die Sehnsucht meiner Seele. Sie führen mich so in mein höchstes Potential.
12. Ablehnung schafft Mangel, Annahme erzeugt Fülle.
13. Bei einer erfüllten Bestellung verschmelze ich mit der Schöpfung, so wie ich es bei einem Gebet tue.
14. Alles geschieht zur richtigen Zeit.
15. Bestellungen sind eine Sache zwischen der Schöpfung und mir. Sie werden erfüllt, wenn ich im Einklang mit ihr stehe.

Die Übungen in diesem Buch

1. Meine Ablehnungen erkennen
2. Was möchte ich anderen wünschen?
3. Den eigenen Schatten überwinden
4. Meine unsichtbare Bestellliste
5. Mein Traumjob
6. Womit beschenkt mich das Leben?
7. Was zeigt mir meine Ablehnung?
8. Selbstannahme
9. Was ist »mein Thema«?
10. In die Liebe gehen

Anhang

11. Der Mut, loszulassen
12. Wage, es dir vorzustellen
13a. Mein Geldbewusstsein
13b. Wie denke ich über reiche Menschen?
14. Andere Menschen beschenken
15. Die Etappen meines Lebens
16. Der Wunsch der Schöpfung

Anhang

Der Wunsch meines Herzens

Im Herzen schläft sachte ein Wollen
ich schaue ihm tief auf den Grund
um ihm seinen Schatz zu entrollen
lausch ich ganz genau seinem Mund.

Im Herzen spricht leise die Seele
so sanft, dass ich sie kaum vernehm
dass ich ihr oft selbst ganz schön fehle
und meist ist die Leere extrem.

Dann suche ich außen die Fülle
und suche nur mit dem Verstand
im Spiel meiner sterblichen Hülle
war's selten, dass ich etwas fand.

Denn eigentlich sucht diese Reise
mich selbst, auf dem Weg hin zum Glück
und dreht sich doch immer im Kreise
der Weg führt stets zu mir zurück.

Das, was ich im Herz endlich finde
das zeigt sich erst, komm ich nach Haus
wenn ich sanft mein Denken entbinde
es weiß weder ein und auch aus.

Anhang

Der Kopf ist zu laut, um zu hören
das Herz leiht der Stille sein Ohr
wenn mich seine Worte betören
lausch ich ganz gebannt Himmels Chor.

Hier spricht alles nur Lob und Preisen
ich spür mich, wie ich einst gedacht
und lausch meinen Liedern und Weisen
die in meiner Seele entfacht.

Im Kern bin ich gut und auch wichtig
ein jeder ist so ganz im Herz
und jedes Gefühl ist dort richtig
und führt es auch tief in den Schmerz.

Die Seele sucht neu ihre Quelle
der Schmerz bringt mich neu auf die Welt
geboren wird sie an der Stelle
wo inne der Mensch oftmals hält.

Dann wandelt sich Leere in Wissen
die Suche kommt an ihren Grund
was immer wir jemals vermissen
hier wird jede Sehnsucht gesund.

Anhang

Dann endlich schläft sacht jedes Denken
und macht für die Zuversicht Platz
das Glück kann uns endlich beschenken
wir finden den inneren Schatz.

Wir sind in den Himmel geboren
die Seele sieht das hell und klar
auf ewig sind wir auserkoren
im Herzen erst wird dies gewahr.

Manfred Mohr

Anhang

Zum Lesen und Hören

Bücher, Hörbücher und DVDs von Manfred Mohr

Die fünf Tore zum Herzen. Burgrain (Koha) 2011
Die Kunst der Leichtigkeit. Berlin (Ullstein) 2011
Das kleine Buch vom Hoppen. Darmstadt (Schirner) 2013
Das Wunder der Selbstliebe – Ein Jahresbegleiter auf dem Weg zu deinem Herzen, Tischaufsteller. München (Gräfe und Unzer) 2013
Verzeih Dir! Die schönsten Meditationen, um Frieden mit sich selbst und anderen zu schließen, Hörbuch. Berlin (Ullstein) 2014
Verzeih Dir! Inneren und äußeren Frieden finden mit Hooponopono. Berlin (Ullstein) 2014
Weiterleben ohne dich. München (Nymphenburger) 2014
Das Wunder der Selbstliebe, DVD. München (Nymphenburger) 2014
Wunschkalender 2015 (mit Pierre Franckh). Burgrain (Koha) 2014
Mit dem Herzen segnen. Burgrain (Koha) 2014

Gedichte von Manfred Mohr

Gedichte, die das Herz berühren. Regensburg (ri-wei) 2009
Dein Herz hat einen Namen. Regensburg (ri-wei) 2010

Anhang

Bücher von Bärbel und Manfred Mohr

Fühle mit dem Herzen und du wirst deinem Leben begegnen. Burgrain (Koha) 2007
Cosmic Ordering – die neue Dimension der Realitätsgestaltung. Burgrain (Koha) 2008
Bestellungen aus dem Herzen. Aachen (Omega) 2010
Das Wunder der Selbstliebe. München (Gräfe und Unzer) 2011
Hooponopono – eine Herzenstechnik für Heilung und Vergebung, Burgrain (Koha) 2014

Bücher von Bärbel Mohr (Auswahl)

Bestellungen beim Universum. Aachen (Omega) 1998
Der kosmische Bestellservice. Aachen (Omega) 1999
Universum und Co. Aachen (Omega) 2000
Reklamationen beim Universum. Aachen (Omega) 2001
Jokerkarten für das Bestellen beim Universum. Aachen (Omega) 2004
Übungsbuch für Bestellungen beim Universum. Aachen (Omega) 2006

Anhang

Ausbildung zum Coach für positive Realitätsgestaltung

In jedem Jahr bietet Manfred Mohr die Ausbildung zum »Coach für positive Realitätsgestaltung« an. Sie wendet sich an alle, die auf intensive und dennoch leichte Art Versöhnungsarbeit mit sich selbst üben möchten. An vier Wochenenden werden die folgenden Schwerpunktthemen behandelt:

* Meine Beziehung zu mir selbst,
* meine Beziehung zu anderen,
* meine Beziehung zu Geld, Beruf und Berufung sowie
* meine Beziehung zum Universum und zur Schöpfung.

Näheres dazu findet sich unter www.manfredmohr.de, Stichwort »Seminare«.

Omega-Verlag

Die Universumsreihe – Die Originale von Bärbel Mohr

Bestellungen beim Universum

Ein Handbuch zur Wunscherfüllung

140 S., geb. • € 10,95 (D) • ISBN 978-3-930243-13-6

Der kosmische Bestellservice

Eine Anleitung zur Reaktivierung von Wundern

232 S., geb. • € 12,50 (D) • ISBN 978-3-930243-57-0

Reklamationen beim Universum

Nachhilfe in Wunscherfüllung

192 S., geb. • € 10,95 (D) • ISBN 978-3-930243-24-2

Übungsbuch zu den Bestellungen beim Universum

Den direkten Draht nach oben aktivieren

160 S., geb. • € 10,95 (D) • ISBN 978-3-930243-38-9

zu beziehen in jeder guten Buchhandlung oder in unserem Shop auf

www.omega-verlag.de

Zitate von Khalil Gibran
Aus: Khalil Gibran. Sämtliche Werke in 5 Bänden. Übersetzt und herausgegeben von Ursula und Yussuf Assaf
© Patmos Verlag der Schwabenverlag AG, Ostfildern 2014
www.verlagsgruppe-patmos.de